Dr. Dr. Michael Despeghel | Doris Muliar

2 Tage Diät
sind genug

Das Rezeptbuch

Bibliografische Information der Deutschen Nationalbibliothek:
Die Deutsche Nationalbibliothek verzeichnet diese Publikation in der Deutschen Nationalbibliografie; detaillierte bibliografische Daten sind im Internet über http://d-nb.de abrufbar.

Für Fragen und Anregungen:
michaeldespeghel@rivaverlag.de

Originalausgabe
1. Auflage 2014
© 2014 by riva Verlag, ein Imprint der Münchner Verlagsgruppe GmbH
Nymphenburger Straße 86
D-80636 München
Tel.: 089 651285-0
Fax: 089 652096

Alle Rechte, insbesondere das Recht der Vervielfältigung und Verbreitung sowie der Übersetzung, vorbehalten. Kein Teil des Werkes darf in irgendeiner Form (durch Fotokopie, Mikrofilm oder ein anderes Verfahren) ohne schriftliche Genehmigung des Verlages reproduziert oder unter Verwendung elektronischer Systeme gespeichert, verarbeitet, vervielfältigt oder verbreitet werden.

Redaktion: Birgit Dauenhauer
Umschlaggestaltung: Pamela Machleidt
Umschlagabbildungen, Innenabbildungen: Shutterstock, Freisteller: iStockphoto
Layout und Satz: Meike Herzog
Druck: Graspo CZ, Tschechische Republik
Printed in the EU

ISBN Print 978-3-86883-388-1
ISBN E-Book (PDF) 978-3-86413-513-2
ISBN E-Book (EPUB, Mobi) 978-3-86413-514-9

Weitere Informationen zum Thema finden Sie unter
www.rivaverlag.de
Gerne übersenden wir Ihnen unser aktuelles Verlagsprogramm.

Dr. Dr. Michael Despeghel | Doris Muliar

2 Tage Diät
sind genug

Das Rezeptbuch

INHALT

Einleitung

So funktioniert die 2-Tage Diät 7
Den besten Zeitpunkt wählen 8
Unterstützen Sie Ihren Stoffwechsel mit einem Kräutertee 9
Was Eiweiß im Körper bewirkt 10
Warum eine erhöhte Eiweißzufuhr gut ist 13
Welche Rolle die Kohlenhydrate spielen 14
Fett ja – aber das richtige und in Maßen 16

Gesünder leben 19
Offizielle Empfehlungen für eine gesunde Ernährung 19
Starten Sie noch heute in eine gesunde Zukunft 23
Stecken Sie sich einfache und machbare Ziele 24
Tabula rasa in Vorratskammer und Kühlschrank 25
Werden Sie glücklich und zufrieden 27

Die Rezepte

Aus dem Topf 33
Großes Frühstück 49
Salatbar 59
Alles, was Flügel hat 73
Von Wiese und Wald 89
Aus dem Wasser 115
Genug für zwei 125
Alles Gemüse 137
Trendy vegan 151

Einleitung

So funktioniert die 2-Tage-Diät

Das Abnehmprogramm *2 Tage Diät sind genug* von Dr. Dr. Michael Despeghel ist mit großem Erfolg erschienen und hat begeisterte Leserreaktionen hervorgerufen. Viele Abnehmwillige wünschten sich weitere Rezepte, um ihren »Fastentagen« noch mehr Abwechslung zu geben. In diesem Band stellen wir über 100 neue Rezeptideen vor, erläutern Ihnen davor aber noch einmal die wichtigsten Aspekte der Diät.

2 Tage Diät sind genug ist nicht nur eine Idee, es ist ein revolutionäres Konzept angesichts der Flut an Diäten, die auf dem Markt angeboten werden und die alle eines versprechen: schnell abzunehmen. Viele Diäten sind jedoch einseitig, erlauben nur wenige Lebensmittel – man denke an die Kohlsuppen- oder die Sauerkrautdiät – und nach kurzer Zeit hat man wieder das alte Gewicht, meist zeigt die Waage sogar noch mehr an. Der berühmte Jo-Jo-Effekt ist eingetreten.

Sie möchten abnehmen und Ihr Gewicht danach halten? Dann vertrauen Sie unserem Plan. Er erfordert weder große Disziplin noch müssen Sie Ihre Ess- und Lebensgewohnheiten auf den Kopf stellen. Im Gegenteil, an fünf Tagen der Woche können Sie essen, was Sie wollen, und leben wie bisher. Alles wie gehabt. Trotzdem sollten Sie es dabei nicht übertreiben.

Sie müssen keine Kalorien zählen und auch Ihren Lebensstil nicht grundlegend verändern. Sie essen wie immer und wie es Ihr Tagesablauf zulässt. Sie gönnen sich Ihren Sonntagsbraten ebenso wie Ihr Feierabendbier. Und das Beste daran ist: Sie müssen auch nicht auf Ihre geliebten Süßigkeiten verzichten – solange Sie diese in Maßen genießen. Lediglich an zwei Tagen halten Sie sich zurück – dann gibt es weniger

Kalorien. Denn zwei Tage Diät pro Woche sind genug! An diesen Tagen nehmen Sie nur eine Mahlzeit zu sich, die bewusst eiweißbetont, also arm an Kohlenhydraten ist und nur 500 Kilokalorien hat. Keine Sorge – mit den eigens für die 2-Tage-Diät entwickelten Rezepten in diesem Buch werden Sie satt und müssen nicht hungern. Die Gerichte werden Ihnen sogar richtig gut schmecken. Denn Kalorienverzicht bedeutet nicht gleichzeitig Verzicht auf Genuss und Geschmack.

Sie werden sehen, unter den über 100 Rezeptvorschlägen ist garantiert etwas für Sie dabei. Außerdem können Sie trinken, so viel Sie wollen: Wasser sowie ungesüßte Getränke wie Kaffee oder Tee. Zusätzlich gibt es selbst gemachte Gemüsebrühe als Mahlzeitersatz, wahlweise früh, mittags oder abends.

Den besten Zeitpunkt wählen

An welchen Tagen Sie fasten möchten, bestimmen Sie selbst. Und auch zu welcher Tageszeit Sie Ihre Mahlzeit einnehmen – morgens, mittags oder abends –, spielt keine Rolle. Je nachdem, welcher Mahlzeitentyp Sie sind und wie es für Sie am besten in Ihren Alltag passt. Sie können die beiden Diättage hintereinander durchführen oder sie über die Woche verteilen. Wichtig ist nur, dass Sie sich einen Rhythmus angewöhnen, der zur regelmäßigen Gewohnheit wird. Überprüfen Sie, an welchen Tagen während der Woche Sie am besten Zeit dafür haben und Ihr Körper die Kalorienreduktion gut verträgt. Haben Sie abends Termine, etwa feste Zeiten, zu denen Sie Sport treiben oder sich mit Freunden treffen? Sind Sie mit Ihrer Familie stark eingebunden? Tragen Sie Ihre geplanten Aktivitäten am besten in einen Kalender ein und nehmen Sie die beiden Fastentage als feste Termine mit dazu.

Die Diät ist extrem simpel und für jeden geeignet. Und sie ist garantiert erfolgreich, weil sie leichter umsetzbar ist und besser durchgehalten werden kann als jedes andere Abnehmkonzept. Mit *2 Tage Diät sind genug* werden Ihre Ziele erreichbar und das ist enorm wichtig für das Durchhaltevermögen, denn wer sich zu viel vornimmt und sich damit überfordert, wird sehr wahrscheinlich scheitern und frustriert aufgeben. Wer will schon täglich Kalorien zählen oder über längere Zeit hinweg hungern? Warum sollten dafür lieb gewonnene Lebensgewohnheiten über den Haufen geworfen werden? Schließlich besteht unser Leben nicht nur aus Vernunftentscheidungen, was unseren Lebensstil und die Essgewohnheiten anbelangt. Essen soll auch Spaß machen! Vielmehr werden wir oft von unseren Gefühlen geleitet, das heißt, Intuition und Emotionen bestimmen größtenteils unsere Handlungsweise, und zwar ohne dass wir dies bewusst wahrnehmen. Sich zu belohnen ist dabei ungemein wichtig. Das menschliche Gehirn strebt nach positiven Reizen. Bekommen wir diese nach einer Anstrengung in Form einer Belohnung, werden Glückshormone freigesetzt, die sich auf unser gesamtes Wohlbefinden auswirken. Dieser Effekt ist mit unserem Diätkonzept garantiert. Die Kilos schmelzen, Sie fühlen sich wohl und zufrieden, müssen dafür aber nur an zwei Tagen pro Woche auf ein paar Kalorien verzichten.

Unterstützen Sie Ihren Stoffwechsel mit einem Kräutertee

Speziell für die 2-Tage-Diät hat Dr. Daniel Hölzle eine Kräuterteemischung zusammengestellt. Als Apotheker kennt er die Wirkung der unterschiedlichen Kräuter sehr genau, die den Abnehmeffekt der 2-Tage-Diät spürbar fördern. Die Kräuter unterstützen den Stoffwechsel und beeinflussen somit das Wohlbefinden während des Abnehmens. Lassen Sie sich die Teemischung aus getrockneten Kräutern in Ihrer Apotheke zusammenstellen. Die Zusammensetzung für 100 g 2-Tage-Diät-Tee sieht wie folgt aus:

Ingwerwurzel	20 g
Lemongras	40 g
Mateblätter	20 g
Brennnesselblätter	10 g
Eisenkraut	10 g

Die Ingwerwurzel beispielsweise unterstützt die Ausscheidung von belastendem Gewebswasser und befreit somit den Körper von störenden

Stoffen. Das Lemongras stärkt das Immunsystem, wirkt gleichzeitig anregend und lässt Sie damit fitter in den Tag starten. Seine gewebsstraffenden Eigenschaften runden diese positiven Effekte auf den Körper ab. Die Mateblätter unterstützen die aktivierende Wirkung des Lemongrases und fügen noch eine tonisierende hinzu. Dadurch wird der Stoffwechsel angeregt und der Grundumsatz des Körpers steigt. Das bedeutet, Sie verbrennen, auch wenn Sie nichts tun, mehr Kalorien. Die Brennnesselblätter und das Eisenkraut wiederum kümmern sich darum, dass Abbauprodukte besser ausgeschieden werden können. Auch dadurch befreit sich der Körper leichter von eingelagertem Gewebswasser und die Darmtätigkeit bleibt während der ernährungsreduzierten Tage erhalten.

Die optimale Unterstützung gewährt der Tee bei folgender Dosierung: An normalen Ernährungstagen trinken Sie 1 bis 2 Tassen pro Tag und an den beiden kalorienreduzierten Tagen 3 bis 4 Tassen. Die Wirksamkeit steigt, je länger Sie die Kräuter ziehen lassen, mindestens jedoch 10 bis 15 Minuten. Dabei entwickelt die Ingwerwurzel ihre typische Schärfe. Das ist zwar gesund, aber nicht jedermanns Geschmack. Probieren Sie einfach aus, wie intensiv Sie Ihren Tee gern hätten.

Den Tee von Dr. Hölzle können Sie in der Tiergarten-Apotheke in Konstanz erwerben oder auf www.e-goPharm24.de bestellen.

Was Eiweiß im Körper bewirkt

Abnehmen funktioniert nur dann, wenn Sie Ihrem Körper weniger Kalorien zuführen, als er verbraucht. Also wird an den beiden Fastentagen im Vergleich zu den normalen Tagen die Kalorienaufnahme deutlich reduziert. Im Rahmen der 2-Tage-Diät sieht die Rechnung folgendermaßen aus: Mit den beiden 500-Kalorien-Mahlzeiten sparen Sie 4000 Kilokalorien pro Woche ein, vorausgesetzt, Ihr durchschnittlicher Gesamtumsatz beträgt 2500 Kilokalorien pro Tag. Nach zwei Wochen ergibt sich dadurch ein Gewichtsverlust von mehr als einem Kilogramm. Sehr wichtig dabei ist, dass der Körper beim Abnehmen in keine ungünstige, also katabole (abbauende) Stoffwechsellage kommt, in der vor allem Eiweiße, zum Beispiel aus der Muskelmasse, abgebaut wer-

Einleitung

Eine Mahlzeit genügt

2 Tage Diät sind genug basiert auf den neuesten ernährungswissenschaftlichen Erkenntnissen. Deshalb gibt es an den Fastentagen nur eine Mahlzeit mit 500 Kilokalorien. Warum? Weil der Körper diese Mindestmenge an Energie braucht, um seine anabole Leistungsfähigkeit zu erhalten. Das heißt, nur dann ist der Körper auf Aufbau programmiert. Erhält er diese Kalorienanzahl nicht, schaltet er in das genaue Gegenteil, den katabolen Modus, nämlich Abbau, um und das betrifft hauptsächlich die Muskeln. Die Folge: Energie- und Leistungsverlust. Damit das nicht passiert, ist es wichtig, an den Diättagen zumindest diese 500 Kilokalorien zu sich zu nehmen.

Indem Sie die ganze Kalorienmenge in nur einer Mahlzeit zu sich nehmen, vermeiden Sie, dass mehrmals am Tag vermehrt Insulin ausgeschüttet wird, was wiederum die Fettverbrennung blockieren würde. Wer nur einmal am Tag isst, schafft die längste Nüchternphase, in der der Körper ideal mit Fett arbeiten kann.

Ein weiterer Vorteil der einmaligen Nahrungsaufnahme an den kalorienreduzierten Tagen ist die Vermeidung appetitanregender Momente. Je weniger Sie sich mit Essen oder Kochen beschäftigen, desto weniger müssen Sie gegen Ihren Appetit ankämpfen und Sie halten viel leichter durch.

Lebensbaustein Eiweiß

Proteine sorgen dafür, dass verschiedene Körperstrukturen wachsen und sich erneuern, wie Muskeln, Bänder, Knochen, Gewebe, Organe, Nägel, Haut und Haare. Sie sind verantwortlich für die Entwicklung von Enzymen sowie Hormonen und sie stärken unsere Abwehrkräfte. Außerdem beeinflusst unser Eiweißspiegel unmittelbar unsere Leistungsfähigkeit, unsere Stimmung und Kreativität.

Der Eiweißstoffwechsel spaltet aufgenommene Proteine in Aminosäuren und wandelt sie mit deren Hilfe in körpereigenes Eiweiß um. Dazu benötigt unser Körper 22 verschiedene Aminosäuren. Die meisten können wir selbst herstellen, neun davon müssen regelmäßig über die Nahrung zugeführt werden. Diese essenziellen, also lebenswichtigen Aminosäuren sorgen dafür, dass wir gesund und leistungsfähig bleiben. Denn Eiweiße ermöglichen überhaupt erst Stoffwechselvorgänge, Muskelbewegungen (unter anderem auch die des Herzmuskels) oder Signalübertragungen im Gehirn. Auch Reparaturarbeiten an den Zellen sind nur mithilfe von Eiweißen möglich.

den. Um das zu verhindern, muss immer ein Mindestmaß an Energie in Form von Kalorien zur Verfügung stehen. Die 2-Tage-Diät stellt diese Energie mit den 500 Kilokalorien, vorzugsweise aus Proteinen, also über eine erhöhte Eiweißzufuhr, an den Diättagen sicher.

Warum eine erhöhte Eiweißzufuhr gut ist

Proteine sättigen sehr gut und wirken sich günstig auf die Figur aus. Bei Ernährungswissenschaftlern gelten proteinreiche Nahrungsmittel sogar als Fettverbrenner. Ganz einfach deshalb, weil der Körper jede Menge Energie aufwenden muss, um etwa aus einem mageren Stück Geflügel körpereigenes Eiweiß herzustellen.

Eiweiß ist in großen Mengen in fast allen tierischen und vielen pflanzlichen Lebensmitteln enthalten, besonders in Hülsenfrüchten und Samen. Die Deutsche Gesellschaft für Ernährung (DGE) empfiehlt Jugendlichen und Erwachsenen eine tägliche Aufnahme von 0,8 Gramm pro Kilogramm Körpergewicht. Diese Menge ist mit einer üblichen Mischkost gar nicht so leicht zur Verfügung zu stellen. Denn die Hauptlieferanten sind vor allem Fisch, Fleisch und Milchprodukte wie Quark und Joghurt. Die Variationsvielfalt ist damit eher begrenzt.

Das gilt jedoch nicht für Sie. Schließlich haben Sie sich dieses Rezeptbuch mit seinen über 100 wunderbar schmackhaften Rezepten gekauft, die exklusiv für *2 Tage Diät sind genug* entwickelt wurden. Sie bieten eine fantastische Auswahl an eiweißreicher Kost. Nirgendwo sonst finden Sie eine solch ausgeklügelte, moderne und gesunde Kombination proteinreicher Lebensmittel, und das höchst attraktiv verpackt in Mahlzeiten mit exakt 500 Kilokalorien.

Idealerweise bieten unsere Rezepte also eine ausgewogene Mischung aus tierischen und pflanzlichen Eiweißen. Weil der menschliche Körper ganz einfach auf eine Nahrungskombination aus Fleisch, Fisch, Milchprodukten, Gemüse und Obst ausgerichtet ist. Um den wertvollen Lebensbaustein Eiweiß verstoffwechseln zu können, brauchen wir als Katalysator Vitamine, Spurenelemente und Mineralstoffe, die ebenfalls in ausreichender Menge in den Zutaten der Rezepte vorhanden sind. Auch die Vegetarier und Veganer kommen bei unseren Rezepten auf ihre Kosten. Für sie lässt sich eine gute Eiweißversorgung auch ohne tierisches Eiweiß erreichen, und zwar durch eine optimale Zusammenstellung pflanzlicher Eiweißträger wie Soja.

Welche Rolle die Kohlenhydrate spielen

Kohlenhydrate sind, einfach ausgedrückt, Zucker und Stärke. Sie sind in fast allen Lebensmitteln enthalten, jedoch in unterschiedlicher Form. Ihre Zusammensetzung hängt von der Anzahl der Zuckermoleküle ab. Man spricht deshalb auch von Einfachzuckern (Monosacchariden, z. B. Trauben- oder Fruchtzucker), Zweifachzuckern (Disacchariden, z. B. Malzzucker) und Vielfach- oder Mehrfachzuckern (Polysacchariden, auch als Glykogen oder Ballaststoffe bekannt, z. B. Stärke, enthalten in Getreide und Vollkornprodukten). Obwohl Kohlenhydrate wichtige Energiespender sind und unser Körper sie unbedingt braucht, raten immer mehr Wissenschaftler von einer kohlenhydratbetonten Ernährung ab. Der Grund: Bei einer kohlenhydratreichen Kost steigt der Blutzuckerspiegel stark an, parallel dazu der Insulinspiegel. Das Bauchspeicheldrüsenhormon Insulin hat die Aufgabe, den Blutzuckerspiegel zu regulieren. Eine übermäßige Zufuhr vor allem von Einfachzucker, wie er etwa in Süßigkeiten oder Weißmehlprodukten enthalten ist, lässt den Blutzuckerspiegel derart ansteigen, dass der Stoffwechsel durch die erhöhte Insulinausschüttung durcheinandergerät. Die Bauchspeicheldrüse ist dann überlastet und kann nicht mehr für ausreichend Nachschub sorgen.

Insulin ist jedoch gleichzeitig dafür zuständig, die Körperzellen für den Zucker zu öffnen, und zwar nicht nur die Muskelzellen zur Energiegewinnung, sondern auch die Fettzellen zum Speichern von Fett und Blutzucker (Glukose). Die vermehrt aufgenommene Glukose hemmt aber den Fettabbau. Deshalb fördert ein erhöhter Insulinspiegel die Fetteinlagerung.

Besonders effektiv für das Abnehmen ist daher die zeitweise reduzierte Aufnahme von Kohlenhydraten, kombiniert mit einer erhöhten Zufuhr von eiweißreicher Kost mit viel Gemüse und Obst. Genau das bietet die 2-Tage-Diät mit ihren sättigenden Rezepten. Untersuchungen haben gezeigt, dass der Körper auf diese Weise entlastet wird und somit Zeit bekommt, sich besser zu regenerieren. Das liegt vor allem an der verbesserten Hormonlage, die dabei im Körper entsteht: Denn die Produktion, insbesondere von speziellen Hormonen, die den biologischen Alterungsprozess aufhalten können, wird angeregt. Das Wachstumshormon Somatropin wird während des Schlafs gebildet. Es hilft beispielsweise beim Aufbau von Muskelmasse und baut Fett ab. Es stimuliert die Immunabwehr, fördert die Gedächtnisleistung und strafft Haut und Bindegewebe. Das Schlafhormon Melatonin regelt den Schlaf-wach-Rhythmus und ermöglicht uns einen erholsamen Schlaf und eine ausgiebige Regeneration. Beide Hormone sind im menschlichen Körper vor allem in jungen Jahren üppig vorhanden. Doch sie nehmen mit dem Älterwerden deutlich ab.

Jüngst bestätigten englische Wissenschaftler der Universitätsklinik Manchester, dass der Verzicht auf Kohlenhydrate an nur zwei Tagen in der Woche zu besseren Abnehmerfolgen führt als andere kalorienreduzierte Diäten. Das heißt, zwei Tage zu fasten und fünf Tage zu schlemmen ist effektiver als striktes Diäthalten an sieben Tagen pro Woche. Das ist das Ergebnis einer Studie, welche die Auswirkungen drei verschiedener Diätprogramme untersuchte:

- einer mediterranen Diät mit maximal 1500 Kilokalorien pro Tag
- einer 2-Tage-Diät mit normalem Essen an fünf Tagen und maximal 600 Kilokalorien (davon nur 40 Gramm Kohlenhydrate) an zwei Tagen der Woche
- einer gesunden und ausgewogenen Ernährung an fünf Tagen und vollständigem Verzicht auf Kohlenhydrate an zwei Tagen der Woche

Heraus kam, dass die Probanden, die die erste Diät machten, nur halb so viel abnahmen wie die der zweiten und dritten Diätgruppe. Dabei verringerte sich bei den Probanden der zweiten und dritten Diät vor allem das ungesunde Bauchfett stärker als bei der ersten Diätgruppe. (Zum Thema »Bauchfett« einschließlich »Bauchfett-Check« erfahren Sie mehr im Buch *2 Tage Diät sind genug* von Dr. Dr. Michael Despeghel.) Eine geeignete Maßnahme, um auch in hohem Alter fit und gesund zu bleiben, ist möglicherweise, generell spartanisch zu essen und Kalorien zu sparen. Immerhin gibt es einen wissenschaftlichen Beweis bei Labormäusen: Tiere, denen eine kalorienreduzierte Ernährung verabreicht wurde, lebten bis zu 50 Prozent länger als ihre gut gefütterten Artgenossen.

Übrigens wurde das 5:2-Prinzip (fünf Tage schlemmen, zwei Tage fasten) ursprünglich von Medizinern als Präventionsprogramm entwickelt, um Hochrisikopatientinnen vor Brustkrebs zu schützen. Da die Teilnehmerinnen dabei deutlich abnahmen, entdeckte man das Konzept als erfolgreichen Abnehmplan.

Die 2-Tage-Diät nutzt diese aktuell bestätigten Erkenntnisse und bietet mit den in diesem Buch vorgestellten Rezepten genau darauf abgestimmte Mahlzeiten mit geringen Mengen an Kohlenhydraten und Fetten.

Fett ja – aber das richtige und in Maßen

Fett spielt eine sehr wichtige Rolle bei der Ernährung. Es ist sogar lebensnotwendig – auch für Abnehmwillige. Ein Gramm Fett pro Kilogramm Körpergewicht täglich empfehlen Ernährungsexperten. Die Zufuhr sollte natürlich möglichst in Form von »guten« Fetten geschehen. Aber was sind gute und schlechte Fette? Man unterscheidet grundsätzlich zwischen ungesättigten, gesättigten und essenziellen Fettsäuren. Besonders gesund sind die einfach ungesättigten Fettsäuren, die vor allem in pflanzlichen Ölen, Avocados oder Nüssen vorkommen, und die mehrfach ungesättigten Fettsäuren, die z. B. in Lachs, Rapsöl oder Tofu enthalten sind. Dann gibt es die gesättigten Fettsäuren, die vor allem in Wurst, Fleisch oder Butter zu finden sind und von denen meist zu viel konsumiert wird. Deshalb haben viele Menschen einen erhöhten Cholesterinspiegel, also Blutfettspiegel, der unter anderem das Herzinfarktrisiko steigert. Schuld daran ist das LDL- (Low Density Lipoprotein-) Cholesterin, das schlechte Cholesterin, das sich an den Zellinnenwänden ablagert und so zu einer Gefäßverengung führt. Untersuchungen haben übrigens ergeben, dass eine eiweißreiche und kohlenhydratarme Ernährung zu einem Absinken des LDL-Cholesterinspiegels führt.

Einleitung

Dem LDL-Cholesterin gegenüber steht das HDL- (High Density Lipoprotein)Cholesterin, das gute Cholesterin. Einen optimalen Wert zu erreichen ist gar nicht so einfach. Es müssen die Lebensweise und die Ernährung umgestellt werden: geringe Zufuhr gesättigter Fettsäuren, viel Bewegung, Gewicht reduzieren.

Essenzielle Fettsäuren, vor allem Omega-3- und Omega-6-Fettsäuren, können vom Körper nicht selbst hergestellt werden, sind aber enorm wichtig, da sie sich positiv auf die Gesundheit auswirken. Erwähnenswert sind außerdem die ungesunden Transfette. Sie sind vor allem in industriell hergestellten Lebensmitteln, z. B. in Fertiggerichten oder Fast Food, enthalten, aber auch in Süßwaren wie Gebäck und Kuchen oder frittierten Speisen.

Wenn Sie Ihrem Körper etwas Gutes tun wollen, sollten Sie Fett nicht generell meiden, sondern darauf achten, dass Sie das richtige Fett wählen.

Mit pflanzlichen Ölen sind Sie erst einmal auf einem guten Weg. Sie enthalten nämlich besonders viel von den überaus gesunden Omega-6-Fettsäuren. Sie wirken im Körper entzündungshemmend. Gemeinsam mit den in Fisch reichhaltig vorhandenen Omega-3-Fettsäuren helfen sie, den Stoffwechsel zu optimieren, den Cholesterinspiegel auszugleichen, die Zellwände zu stabilisieren und Hormone zu bilden. Sie wirken sich außerdem positiv auf die Herzgesundheit aus. Gesundes Fett ist also physiologisch wichtig, um die Leistungsfähigkeit zu erhalten.

Doch Vorsicht! Bei der Verwendung der Omega-Fettsäuren entscheidet das richtige Verhältnis über den gewünschten Effekt. Viele ernährungsbewusste Menschen bevorzugen mittlerweile pflanzliche Öle wie Raps-, Oliven- oder Sonnenblumenöl, die die an sich guten Omega-6-Fettsäuren enthalten. Für den Ausgleich der Omega-Fettsäuren empfiehlt es sich aber, reichlich Fisch zu essen, insbesondere aus kalten Gewässern, wie Kabeljau, Lachs, Makrele, Thunfisch oder Sardine. Eine Alternative wäre Fischöl.

Einleitung

Gesünder leben

Der eben gemachte Ausflug in die Ernährungswissenschaft kann Ihnen für Ihre Ernährung grundsätzliche Orientierung geben – wenn Sie künftig gesünder leben möchten. Im Rahmen der 2-Tage-Diät brauchen Sie sich darüber aber keine Gedanken zu machen. Denn selbstverständlich sind in die Entwicklung unserer exklusiven Rezeptvorschläge alle Erkenntnisse der modernen Ernährungswissenschaft eingeflossen. Suchen Sie sich also aus dem reichhaltigen Angebot das Passende für Sie aus und verlassen Sie sich darauf, dass Sie Ihrem Körper damit das Beste tun.

Sobald Sie Ihr Wunschgewicht erreicht haben, könnten Sie mit dem 2-Tage-Fasten aufhören. Doch wenn Sie erst einmal erfahren haben, wie enorm positiv es sich auf Ihre Gesundheit und Ihr Wohlbefinden ausgewirkt hat, möchten Sie vielleicht dauerhaft an zwei Tagen pro Woche Ihre Kalorienzufuhr reduzieren. Und wer noch mehr für seine schlanke Linie und Gesundheit tun möchte, hat natürlich die Möglichkeit, auch für die restlichen fünf Tage der Woche seine Essgewohnheiten zu überdenken.

Offizielle Empfehlungen für eine gesunde Ernährung

Eine hilfreiche Orientierung für eine gesunde Ernährung sind die offiziellen Empfehlungen der Weltgesundheitsorganisation WHO oder des World Cancer Research Fund WCRF. Zusammenfassend geht es darum, die Vielzahl von Nähr- und Wirkstoffen in unseren Lebensmitteln gezielt zu nutzen, vor allem in den pflanzlichen, da hier die wichtigen Ballaststoffe und Tausende von sekundären Pflanzenstoffen enthalten sind, die neben den Vitaminen und Mineralstoffen ebenso wichtig sind. In den Empfehlungen heißt es konkret: »Neben den in allen Lebensmitteln vorkommenden Vitaminen und Mineralstoffen sind es ausschließlich pflanzliche Lebensmittel, in denen die wichtigen Ballaststoffe und Tausende von sekundären Pflanzenstoffen enthalten sind.«

Dementsprechend empfehlen die Experten, überwiegend pflanzliche Lebensmittel zu essen. Ziel ist der durchschnittliche Verzehr von mindestens 600 Gramm nichtstärkehaltigem Gemüse und Obst pro Tag. Idealerweise sollten es Produkte unterschiedlicher Farben (Rot, Grün, Gelb, Weiß, Lila und Orange) einschließlich Lauchgewächsen und Knoblauch sein.

Besonders das nichtstärkehaltige Gemüse steht in dem Ruf, gegen bestimmte Krebskrankheiten zu schützen. Dazu zählen grüne Sorten wie Brokkoli oder Rosenkohl, Blattgemüse, Okraschoten, Auberginen oder Chinakohl. Zu den nichtstärkehaltigen Wurzeln und Knollen gehören Karotten, Artischocken, Sellerie und Kohlrabi.

Gleichzeitig sollten natürliche Ballaststoffe, wie sie in relativ unverarbeitetem Getreide, z. B. Vollkornbrot, und/oder Hülsenfrüchten vorkommen, zu jeder Mahlzeit verzehrt werden. Empfohlen werden mindestens 25 Gramm Ballaststoffe pro Tag. Diese Lebensmittel haben eine niedrige Energiedichte und fördern damit die Erhaltung eines normalen Körpergewichts.

Speziell zum Schutz vor Krebs gibt der WCRF noch weitere Empfehlungen:

- Schlank bleiben, Übergewicht vermeiden. Begründung: Die lebenslange Beibehaltung eines normalen Körpergewichts könnte eine der wichtigsten Maßnahmen zum Schutz vor Krebserkrankungen sein. Normales Körpergewicht schützt außerdem vor einer Reihe anderer häufig auftretender chronischer Krankheiten.
- Körperliche Aktivität: täglich mindestens 30 Minuten (z. B. schnelles Gehen). Begründung: Die meisten Bevölkerungsgruppen, insbesondere die in industrialisierter und städtischer Umgebung, sind körperlich weniger aktiv, als sie es naturgemäß sein sollten.
- Energiedichte Lebensmittel meiden, z. B. zuckerhaltige Getränke und kohlenhydratreiches Essen. Begründung: Der Konsum energiedichter Lebensmittel und gezuckerter Getränke nimmt immer mehr zu und trägt vermutlich zum globalen Anstieg von Übergewicht bei.
- Möglichst viel Gemüse, Obst, Vollkornprodukte und Hülsenfrüchte

Einleitung

Häufig gestellte Fragen

Zum Konzept der 2-Tage-Diät sind uns von Leserinnen und Lesern auch einige Fragen gestellt worden. An dieser Stelle möchten wir die häufigsten beantworten:

Kann ich an den kalorienreduzierten Tagen Sport treiben?
Ja, selbstverständlich. Sport oder Bewegung ist kein Problem, im Gegenteil. In der langen Nüchternphase funktioniert die Fettverbrennung am allerbesten. Mit körperlicher Aktivität wird sie zusätzlich angekurbelt. Allerdings sollten Sie eine nur mäßige Belastung wählen, vorzugsweise im Ausdauerbereich und nicht länger als 30 Minuten. Also Radfahren, Walken, Spazierengehen oder Schwimmen. Wahlweise empfehlen wir ein gemäßigtes Krafttraining, zum Beispiel unser speziell für die 2-Tage-Diät entwickeltes Minimalprogramm. Die Übungen finden Sie im ersten Buch *2 Tage Diät sind genug* ab Seite 165.

Kann ich trotzdem arbeiten oder bin ich nicht belastbar genug und werde müde?
Selbstverständlich können Sie arbeiten. Gerade in den Phasen, in denen der Körper nicht mit einem Nahrungsüberschuss belastet wird, sind Konzentration und Leistungsfähigkeit sogar hoher. Vorausgesetzt, es wird genügend getrunken! Studien der Harvard University haben gezeigt, dass die Konzentrations- und Merkfähigkeit deutlich nachlassen, wenn Menschen zu wenig trinken. Weniger zu essen stört Ihre Belastbarkeit also in keiner Weise, zu wenig zu trinken aber in jedem Fall.

Mit knurrendem Magen kann ich nicht einschlafen. Was kann ich tun?
Wer tatsächlich nur schlafen kann, wenn er abends etwas gegessen hat, sollte sich im Rahmen der 2-Tage-Diät für die Abendmahlzeit entscheiden. Aber auch Rituale wie eine Tasse heißer Tee, ein warmes Bad mit schlaffördernden Kräuterextrakten oder ein Spaziergang vor dem Zubettgehen wirken Wunder und bieten einen festen Rahmen für hilfreiche Schlafhygiene, indem sie vom Essen bzw. von einem leeren Magen ablenken.

Werde ich am nächsten Tag Heißhunger haben und deutlich mehr essen?
Falls sich tatsächlich ein übergroßer Appetit nach dem Fastentag einstellt, empfehlen wir, viel Gemüse oder Obst zu essen – also den offiziellen Empfehlungen für eine gesunde Ernährung zu folgen (ab Seite 19). Davon dürfen Sie dann so viel verzehren, wie Sie wollen, ohne dass Sie den Abnehmerfolg der 2-Tage-Diät gefährden. Verzichten Sie aber bitte möglichst auf zu viel Nudeln, Reis oder Brot (besonders aus Auszugsmehl).

Kann ich die 500 Kilokalorien auf den Tag verteilen?
Grundsätzlich ist das kein Problem. Doch bedenken Sie, dass jedes Mal, wenn Sie Essen zubereiten und Sie eine kleinere, wahrscheinlich nicht sättigende Portion zu sich nehmen, Ihr Appetit angeregt wird und Sie hungrig bleiben. Für den Körper ist es einfacher, sich auf eine sättigende Mahlzeit am Tag einzustellen. Lesen Sie dazu zur Insulinausschüttung auch ab Seite 14.

Brauche ich aufgrund der reduzierten Nahrungsaufnahme zusätzlich Vitamine oder andere Nährstoffe?
Wenn es Ihnen gelingt, sich an den fünf normalen Tagen an die offiziellen Empfehlungen für gesunde Ernährung zu halten (siehe ab Seite 19) – also möglichst viel Gemüse und Obst zu essen –, decken Sie Ihren kompletten Nährstoffbedarf über diese Kost. Andernfalls kann es sinnvoll sein, auf Vitamine und Nahrungsergänzungsmittel zurückzugreifen.

essen. Begründung: Umfassende Untersuchungen zeigen, dass die meisten Kostformen, die gegen Krebserkrankungen schützen, überwiegend aus pflanzlicher Nahrung bestehen.
- Konsum von rotem Fleisch einschränken, Fleisch- und Wurstwaren meiden. Begründung: Rotes und verarbeitetes Fleisch wird als »überzeugende« oder »wahrscheinliche« Ursache einiger Krebserkrankungen eingestuft.
- Wenig, wenn möglich keinen Alkohol trinken. Begründung: Forschungsergebnisse rechtfertigen hinsichtlich Krebserkrankungen die Empfehlung, keinen Alkohol zu trinken. Andererseits legen weitere Daten nahe, dass ein moderater Alkoholkonsum wahrscheinlich das Risiko der koronaren Herzkrankheit senkt.
- Salzarm essen. Begründung: Untersuchungen zum Thema »Maßnahmen zur Haltbarmachung, Verarbeitung und Zubereitung von Lebensmitteln« zeigen, dass Salz und mit Salz haltbar gemachte Lebensmittel wahrscheinlich eine Ursache für Magenkrebs sind.
- Keine Nahrungsergänzungsmittel. Begründung: Ausgewertete Daten zeigen, dass hoch dosierte Nahrungsergänzungsmittel sowohl vor Krebs schützen als auch Krebs begünstigen können. Es gibt allerdings keine sichere Einschätzung des Nutzens und der Risiken von Nahrungsergänzungsmitteln im Hinblick auf die Krebsvorbeugung.
- Nicht rauchen!

Starten Sie noch heute in eine gesunde Zukunft

Es gibt also genügend Gründe, sich gesund zu ernähren und abzunehmen. Am besten fangen Sie gleich damit an! Stellen Sie sich vor, wie leicht das Leben ohne den Ballast von unnötigen Pfunden wäre. Einfach leichter durch den Alltag kommen, sich im eigenen Körper wohlfühlen, sich selbst mögen, mehr Spaß an körperlicher Aktivität haben und so weiter. Haben Sie keine Angst zu versagen. Die 2-Tage-Diät ist genial einfach und hat schon vielen Menschen geholfen, sich von ihrem Übergewicht zu befreien und ihr Leben wieder aktiv und positiv zu gestalten.

Einige Leser sind auch mit Fragen und Anregungen auf uns zugekommen, die wir gern in das vorliegende Buch aufgenommen haben. Es enthält zum Beispiel ab Seite 49 nun auch leckere Vorschläge fürs Frühstück beziehungsweise für den Brunch, zum Beispiel am Wochenende mit der ganzen Familie oder mit Freunden.
Die häufigsten Leserfragen beantworten wir auf Seite 21–22.

Stecken Sie sich einfache und machbare Ziele

Die 2-Tage-Diät macht Ihnen das Abnehmen und die Umstellung auf eine gesunde Ernährungsweise so leicht wie möglich. Denn natürlich ist es schwer, neue Verhaltensweisen in sein Leben zu integrieren. Aus der Verhaltenstherapie ist bekannt, dass ein solches Ziel nur erreicht werden kann, wenn es in kleine, machbare Schritte aufgeteilt wird. Überforderung ist Gift bei jeder angestrebten Verhaltensänderung. Nur wenn ein Ziel auch erreicht wird, verankert sich die Erfahrung positiv im Gehirn, erhöht das Selbstwertgefühl und lässt sich leichter als Gewohnheit in den Alltag einbauen.
Umgekehrt kann eine große, schwer zu überwindende Diskrepanz zwischen Ist- und Sollzustand Unlust, Frust und Stress erzeugen. Auch Furcht vor Misserfolg ist eine große Blockade. Erlernen Sie die Kunst der Langsamkeit – bei gleichzeitiger Stetigkeit! Der Erfolg wird sich garantiert einstellen.
Ein paar Hilfen, um Ihr Ziel leichter zu erreichen, sind:

- Stecken Sie sich kleine Ziele.
- Formulieren Sie Ihr Ziel immer positiv.
- Lassen Sie sich Zeit und haben Sie etwas Geduld mit sich.
- Stellen Sie sich Ihr Ziel bildlich vor und versuchen Sie nachzuempfinden, wie es sich anfühlt, wenn Sie es erreicht haben.
- Teilen Sie Ihr Vorhaben Ihrem Umfeld mit. So haben Sie die Chance auf wertvolle Unterstützung und Sie halten leichter durch.

Einleitung

Wenn Sie Durchhänger haben und es einmal nicht so klappt, wie Sie es sich vorgestellt haben, seien Sie nicht zu streng mit sich selbst. Es geht auch anderen so. Nicht umsonst gibt es Techniken, mit deren Hilfe man es leichter schaffen kann, abzunehmen oder einen gesünderen Lebensstil umzusetzen. Experten sprechen von willentlicher Steuerung, um ein ungutes Gefühl zu überwinden und etwas zu tun, obwohl es unangenehm ist. Eine hilfreiche Methode geht davon aus, dass es allein darauf ankommt, den ersten Schritt zu schaffen. Man nennt das auch den Rubikon überschreiten – dann gibt es kein Zurück mehr. Das Modell hinter dieser Methode heißt deshalb Rubikon-Modell.

Jeder hat seinen eigenen Rubikon. Wo diese Schwelle liegt, merken die meisten schnell, wenn sie erst einmal darüber nachdenken. Um seine individuellen Hindernisse überwinden zu können, ist es wichtig, sein Vorhaben zu konkretisieren. Es reicht eben nicht zu sagen: »Ich möchte mich gesünder ernähren« oder »Ich möchte abnehmen«. Vielmehr müssen Sie einen festen Plan aufstellen. Neuere Studien der Universität Toronto haben gezeigt: Je genauer und ausgefeilter dieser Plan ist und je differenzierter und einfacher er auszuführen ist, desto leichter wird es, eine entsprechende Verhaltensänderung erfolgreich umzusetzen. Die meisten Menschen scheitern an bestimmten Vorhaben, weil ihre Pläne unklar sind.

Tabula rasa in Vorratskammer und Kühlschrank

Die 2-Tage-Diät mit ihren leicht zuzubereitenden und extrem abwechslungsreichen Rezepten bietet die perfekte Grundlage, um einen ausgewogenen Ernährungsplan dauerhaft in Ihrem Leben zu verankern. Denn – auch das zeigen wissenschaftliche Untersuchungen – je mehr der »neue« Essensplan individuelle Vorlieben befriedigt, desto leichter ist es, das Vorhaben auch durchzuhalten. Suchen Sie sich deshalb aus dem abwechslungsreichen Angebot an wunderbaren Rezepten für alle Tageszeiten das Beste für Ihren Geschmack aus und beginnen Sie gleich jetzt, Ihren Plan aufzustellen. Stellen Sie sich dabei die folgenden Fragen:

- Welcher Mahlzeitentyp bin ich?
- Bevorzuge ich ein ausgiebiges Frühstück oder ein gutes Mittagessen?
- Wie wichtig ist mir das Abendessen?
- Wie viel Wert lege ich auf Biolebensmittel und wie oft kaufe ich diese ein?
- Möchte ich auf vollwertige Ernährung umstellen?
- Wie oft kaufe ich frische Lebensmittel ein?
- Wie viele Lebensmittel in meinem Kühlschrank haben keinen Nährwert?
- Wie viele Süßigkeiten horte ich?

Diese und noch viel mehr Fragen könnten Sie sich zu einer gesunden Ernährung stellen. Die nachfolgenden Punkte sollen Ihnen eine Hilfestellung sein, auf vollwertige Nahrung umzustellen. Vielleicht sind auch ein paar Denkanstöße dabei, vermehrt Biolebensmittel einzukaufen und vor allem die Mahlzeiten frisch zuzubereiten. Denn nur so wissen Sie, was in Ihrem Essen steckt.

Kaufen Sie Lebensmittel zukünftig nur noch nach Qualitätskriterien. Dann versorgen Sie Ihren Körper beim Essen mit wertvollen Inhaltsstoffen, belasten ihn weniger und haben dafür mehr Energie! Angenehmer Nebeneffekt: Ihre Geschmacksnerven werden wieder sensibilisiert und Essen wird zum sinnlichen Genuss.

- Inspizieren Sie Vorratskammer und Kühlschrank nach Lebensmitteln ohne Nährwert. Entsorgen Sie diese.
- Blenden Sie ungesunde Nahrungsmittel beim Einkaufen einfach aus, vor allem diejenigen, in denen viel Einfachzucker steckt, also besonders süß schmeckende Produkte.
- Achten Sie auf Qualität statt Quantität und kaufen Sie nur so viel ein, wie Sie auch wirklich, beispielsweise pro Woche, verbrauchen.
- Ernähren Sie sich zukünftig fett- und ballaststoffreich. Zapfen Sie die besten Fett- und Proteinquellen an, wie (Bio-)Fleisch, Fisch, Raps-, Lein-, Oliven- und Walnussöl, Eier, Milchprodukte, und ergänzen Sie diese mit viel Obst, Gemüse und Hülsenfrüchten.
- Gönnen Sie sich ab und zu hochwertige Bioware, bevorzugen Sie regionale Produkte.

- Entscheiden Sie sich bei Getreideprodukten für Vollkorn.

Heute weiß man, dass eine gesunde Ernährung mit vielen pflanzlichen Lebensmitteln entscheidend zu Gesundheit, körperlicher Fitness und einem normalen Körpergewicht beiträgt und hilft, beispielsweise Übergewicht, Diabetes und Herz-Kreislauf-Erkrankungen vorzubeugen. Denn die darin enthaltenen sekundären Pflanzenstoffe üben im menschlichen Körper eine Vielzahl von Schutzfunktionen aus. Sie können das Immunsystem stärken und den Körper vor freien Radikalen und Krankheitserregern schützen.

Schlank lebt es sich eindeutig besser und gesünder. Schon eine Gewichtsabnahme um fünf bis zehn Prozent senkt den Blutdruck und den Cholesterinwert.

Werden Sie glücklich und zufrieden

Schlanksein macht aber auch glücklich, weil weniger Gewicht unsere Hormonlage in Balance bringt. Ein wichtiges Hormon ist Serotonin, im Volksmund auch als »Glückshormon« bezeichnet. Es ist ein Botenstoff oder auch Neurotransmitter, weil es Informationen von Zelle zu Zelle weitergibt. Es ist an zahlreichen Körperfunktionen beteiligt und beeinflusst beispielsweise unseren Schlaf, die Körpertemperatur oder die psychische Verfassung. Zu viel Körperfett, insbesondere Bauchfett, reduziert dieses lebensnotwendige Hormon. Ein Mangel kann zu emotionalen Überreaktionen führen, wie Niedergeschlagenheit, Aggressivität oder sogar zu Depressionen, wenn der Mangel von Dauer ist.

Ist ausreichend Serotonin im Körper vorhanden, vermittelt uns das ein Gefühl von Gelassenheit, Ausgeglichenheit, innerer Ruhe und Zufriedenheit. Durch eine positive Lebenseinstellung können wir die Produktion von Serotonin selbst anregen. Tatsächlich beeinflusst es auch unseren Appetit und ist somit am Gefühl der Sättigung beteiligt. Wenn das noch nicht genug Gründe sind für das Schlanksein und eine gesunde Ernährung, werden Sie diese Vorteile nun endgültig überzeugen:

- Sie altern langsamer.
- Sie leben länger.

- Sie wirken attraktiver.
- Sie haben mehr Spaß am Sex.
- Sie haben mehr Ausdauer.
- Sie sind leistungsfähiger.
- Sie haben bessere Karrierechancen.
- Sie fühlen sich stärker, selbstsicherer und sind belastbarer.

Das sind viele gute Gründe, um Ihren Abnehmplan mit der 2-Tage-Diät gleich anzugehen! Unsere nun folgenden Rezepte enthalten alles, was Ihr Körper braucht, damit Sie in Ihr neues schlankes und gesundes Leben starten können: jede Menge Eiweiß, wenig Kohlenhydrate und viele Vitamine, Spurenelemente und Mineralstoffe.
Viel Spaß beim Zubereiten und guten Appetit!

DIE REZEPTE

Aus dem Topf 33

Großes Frühstück 49

Salatbar 59

Alles, was Flügel hat 73

Von Wiese und Wald 89

Aus dem Wasser 115

Genug für zwei 125

Alles Gemüse 137

Trendy vegan 151

AUS DEM TOPF

Eine Suppe ist schnell gemacht und Sie werden erleben, wie wunderbar zufrieden unsere Suppen machen. Für 500 Kalorien gibt es nämlich richtig Suppe satt. Also keine Bange vor den großen Portionen: Sie dürfen und sollen das alles löffeln!

Damit auch der Eiweißgehalt stimmt, haben wir viel Käse in die Suppen geschummelt. Vor allem Mozzarella gibt ihnen eine besonders cremige Konsistenz, weswegen wir ihn großzügig eingesetzt haben. Und auch der eiweißreiche Fisch schwimmt gern in unseren Suppen. Bei den Kohlenhydraten waren wir jedoch extrem knausrig und haben nur solches Gemüse verwendet, das auch wenig davon enthält.

Eiweiß- und Kohlenhydratgehalt pro 100 g

	E	KH
KÄSE UND MILCHPRODUKTE		
Edelpilzkäse	21	0
Mozzarella	18	1,5
Saure Sahne	17	0
Schmelzkäse 20 % Fett	17	8
Schmelzkäse 45 % Fett	14	0
Frischkäse 20 % Fett	13	3
Frischkäse 60 % Fett	9	2
GEMÜSE		
Spinat	3	0,5
Wirsing	3	2
Brokkoli	3	3
Pfifferlinge	2	0
Spargel	2	2
Zucchini	2	2
Lauch	2	3
Fenchel	2	3
Kartoffel	2	15
Staudensellerie	1	2
Salatgurke	1	2
Tomaten	1	3

Pfifferlingcremesuppe

Foto unten

39 g E, 33 g F, 13 g KH
Zubereitungszeit: 25 Minuten

400 g Pfifferlinge
1 kleine Kartoffel
1 Bund Frühlingszwiebeln
1 TL Butter (ca. 5 g)
  500 ml Gemüse- oder Geflügelbrühe (instant)
1 Kugel Mozzarella (125 g Abtropfgewicht)
Salz, Pfeffer
etwas Zitronensaft
1 EL gehackte Petersilie

Die Pfifferlinge mit einer weichen Bürste putzen und größere Pilze halbieren. Die Kartoffel schälen und grob raspeln.
Die Frühlingszwiebeln putzen und in feine Scheiben schneiden. Die Butter in einem Topf erhitzen und die Frühlingszwiebeln glasig dünsten. Mit Brühe ablöschen, Pfifferlinge und Kartoffelraspeln dazugeben und das Ganze auf kleiner Flamme 5 Minuten köcheln lassen.
Einige schönere Pilze auswählen und beiseitelegen. Den Mozzarella zerkleinern, in die Suppe geben und alles mit dem Pürierstab fein pürieren.
Mit Salz, Pfeffer und etwas Zitronensaft abschmecken und mit Petersilie bestreut servieren.

Tipp: Um Pfifferlinge ganz einfach sauber zu bekommen, werden 2 EL Mehl in einer Schüssel mit 2 Liter Wasser mit dem Schneebesen verquirlt. Die Pilze dazugeben und vorsichtig mit den Händen aneinanderreiben. Kurz stehen lassen, bis sich der Sand unten in der Schüssel abgesetzt hat. Auf einem Tuch trocknen lassen und verarbeiten.

Suppen

Tomatensuppe »Caprese«

20 g E, 34 g F, 17 g KH
Zubereitungszeit: 15 Minuten

1 Knoblauchzehe
1 Bund Frühlingszwiebeln
5 Stängel frisches Basilikum
1 TL Olivenöl
1 Pck. passierte Tomaten (500 g)
Salz, Pfeffer
1 Kugel Mozzarella (125 g Abtropfgewicht)
1 EL Sahne

Knoblauchzehe und Frühlingszwiebeln abziehen und in feine Scheiben schneiden. Das Basilikum waschen, gut trocken schütteln und in Streifen schneiden. Nach Belieben 2 bis 3 Blätter zur Dekoration ganz lassen. Das Olivenöl in einem Topf erhitzen und Knoblauch und Frühlingszwiebeln anschwitzen. Mit den passierten Tomaten aufgießen und bei schwacher Hitze 3 Minuten köcheln lassen. Mit Salz und Pfeffer abschmecken. Eventuell die Suppe mit etwas Wasser oder Brühe verdünnen. Den Mozzarella gut abtropfen lassen, in etwa 1 cm große Würfel schneiden und zusammen mit dem Basilikum in die Suppe geben und kurz erwärmen. Zum Anrichten die Suppe in einen tiefen Teller geben, die Sahne in die Mitte setzen und mit einem Zahnstocher leicht verrühren. Die Basilikumblätter daraufgeben.

Sellerie-Senf-Suppe mit Austernpilzen

27 g E, 38 g F, 12 g KH
Zubereitungszeit: 25 Minuten

300 g Staudensellerie
1 mittelgroße weiße Zwiebel
200 g Austernpilze
1 EL Rapsöl
400 ml Gemüse- oder Hühnerbrühe (instant)
1 EL Senfkörner
20 g Butter
1 EL scharfer Senf
Salz, Pfeffer
1 EL Schnittlauch in Röllchen

Vom Staudensellerie 300 g Stängel abtrennen, waschen, putzen und, wenn nötig, dünn abschälen. In feine Ringe schneiden. Die Zwiebel abziehen, halbieren und ebenfalls in feine Ringe schneiden. Die Austernpilze putzen und in Streifen schneiden.
Das Rapsöl in einem Topf erhitzen und die Zwiebelringe unter Rühren goldgelb rösten. Die Sellerieringe dazugeben und kurz mitrösten. Mit der Brühe aufgießen und zusammen mit den Senfkörnern 10 Minuten bei schwacher Hitze köcheln lassen, bis das Gemüse weich ist.
In der Zwischenzeit die Butter in einer beschichteten Pfanne erhitzen und die Austernpilze kräftig anbraten.
Die Suppe mit scharfem Senf, Salz und Pfeffer abschmecken. Die Austernpilze hineingeben und mit den Schnittlauchröllchen bestreut servieren.

Zucchinicremesuppe mit Dill

Foto rechts

31 g E, 34 g F, 17 g KH
Zubereitungszeit: 20 Minuten

je 1 kleiner grüner und gelber Zucchino
1 mittelgroße Zwiebel (ca. 100 g)
1 Bund Dill
1 EL Rapsöl
400 ml Gemüsebrühe (instant)
100 g Mozzarella
Salz, Pfeffer
etwas Zitronensaft nach Belieben
100 g Naturjoghurt

Die Zucchini waschen, putzen und in Würfel schneiden. Wenn Sie keinen gelben Zucchino bekommen, können Sie die Suppe auch nur aus grünem Gemüse zubereiten. Die Zwiebel abziehen und grob würfeln. Den Dill von den Stielen zupfen, einige Blätter beiseitelegen und den Rest sehr fein hacken. Das Rapsöl in einem Topf erhitzen und die Zwiebeln darin anschwitzen. Die Zucchiniwürfel dazugeben und unter ständigem Rühren etwas Farbe annehmen lassen. Mit der Brühe aufgießen und 5 Minuten kochen, bis das Gemüse weich ist. Einige Zucchiniwürfel zur Dekoration herausnehmen und beiseitestellen. Den Mozzarella würfeln, hineingeben und mit dem Pürierstab fein pürieren. Mit Salz, Pfeffer und Zitronensaft abschmecken. Joghurt und Dill unterrühren und nicht mehr kochen lassen. Die Suppe in einem tiefen Teller anrichten, die Zucchiniwürfel in die Mitte setzen und mit den Dillblättchen dekoriert servieren.

Kressesuppe mit Lachs

28 g E, 39 g F, 8 g KH
Zubereitungszeit: 20 Minuten

2 Schalotten
3 Kästchen Gartenkresse
1 EL Butter (10 g)
500 ml Hühner- o. Gemüsebrühe (instant)
40 ml Schlagsahne
Salz, Pfeffer, 1 EL Zitronensaft
75 g Stremellachs
50 g Naturjoghurt

Die Schalotten abziehen und sehr fein hacken. Die Kresse aus den Kästchen nehmen, kalt abbrausen und abschneiden. Einige Blättchen zur Dekoration beiseitelegen.
Die Butter in einem Topf zergehen lassen und die gehackten Schalotten hellgelb anrösten. Mit der Brühe aufgießen und die Kresse hineingeben. Bei schwacher Hitze 10 Minuten köcheln lassen und dann mit dem Pürierstab fein pürieren. Die Sahne dazugeben und mit Salz, Pfeffer und Zitronensaft abschmecken.
Den Stremellachs mit einer Gabel zerpflücken und in der Suppe erwärmen. Nicht mehr kochen lassen und den Joghurt löffelweise unterheben. Mit der übrigen Kresse bestreut servieren.

Variante: Sie können diese feine Suppe auch mit Rucola probieren. Dafür nehmen Sie etwa 40 g Rucola, den Sie vor dem Kochen klein schneiden. Einige frische Blättchen zur Dekoration verwenden.

Brokkolicremesuppe mit Tomaten

32 g E, 27 g F, 22 g KH
Zubereitungszeit: 25 Minuten

400 g Brokkoli
500 ml Fleisch- oder Geflügelbrühe (instant)
1 Fleischtomate
2 EL Tomatenmark (aus der Tube)
100 g Frischkäse (20 % Fett i. Tr.)
Salz, Pfeffer
etwas Zitronensaft
2 EL Crème fraîche
2 EL Schnittlauch in Röllchen

Die Röschen vom Brokkoli abschneiden. Die Stiele, wenn nötig, schälen und in Scheiben schneiden.
Die Brühe erhitzen und zunächst die Brokkolistiele bissfest kochen. Dann die Röschen dazugeben und weitere 5 bis 7 Minuten kochen lassen.
In der Zwischenzeit die Tomate heiß überbrühen, häuten, die Stielansätze herausschneiden, die Kerne entfernen und das Fruchtfleisch würfeln.
Einige Röschen aus der Brühe nehmen und beiseitestellen. Das Tomatenmark in die Suppe geben und mit dem Pürierstab fein pürieren. Den Frischkäse einrühren und nicht mehr kochen lassen. Die Tomatenwürfel dazugeben und kurz ziehen lassen. Mit Salz, Pfeffer und Zitronensaft abschmecken.
Zum Anrichten Crème fraîche leicht unterheben. Den Schnittlauch in feine Röllchen schneiden und die Suppe, damit bestreut, servieren.

Tipp: Üblicherweise ist frischer Brokkoli in Supermärkten zu 500-Gramm-Portionen verpackt. Sie können für dieses Rezept auch den ganzen Brokkoli verwenden – an der Kalorienzahl ändert sich wenig. Wenn Sie aber die nächsten Tage unser Frühstück von Seite 53, Rührei mit gebratenem Frühstücksspeck, zubereiten möchten, nehmen Sie einfach drei größere Röschen vor dem Pürieren heraus und verwahren sie im Gemüsefach des Kühlschranks.

Gurkensuppe mit Curry und Räucherlachs

Foto oben

30 g E, 32 g F, 22 g KH
Zubereitungszeit: 20 Minuten

1 Salatgurke
1 kleine Kartoffel
1 kleine Zwiebel
1 EL Rapsöl
1 EL mildes oder scharfes Currypulver nach Belieben
400 ml Gemüse- oder Kalbsfond (aus dem Glas)
2 große EL Frischkäse (ca. 40 g)
Salz, Pfeffer
1 Bund Frühlingszwiebeln
2 Scheiben geräucherter Lachs (ca. 60 g)
30 ml saure Sahne

Die Salatgurke schälen, längs halbieren, die Kerne herausschaben und das Fruchtfleisch klein schneiden. Die Kartoffel schälen, waschen und grob raspeln. Die Zwiebel abziehen und klein würfeln.
Das Rapsöl in einem Topf erhitzen und die Zwiebeln glasig dünsten. Mit Currypulver bestäuben und kurz durchrösten, damit es sein Aroma entfalten kann. Mit dem Fond aufgießen, die Kartoffelraspel dazugeben und das Ganze 5 Minuten köcheln lassen. Die Gurkenstücke dazugeben und weitere 5 Minuten köcheln lassen. Den Frischkäse einrühren und mit dem Pürierstab fein pürieren. Nicht mehr kochen lassen. Mit Salz und Pfeffer abschmecken.
Die Frühlingszwiebeln abziehen und in feine Ringe schneiden. Dabei auch viel vom dunkleren Teil verwenden.
Den Räucherlachs in etwa 1 cm breite Streifen schneiden und in der Suppe warm werden lassen.
Zum Servieren die Suppe mit den Frühlingszwiebeln bestreuen und einen Klecks saure Sahne in die Mitte setzen.

Suppen

Spinatsuppe mit Blauschimmelkäse Foto links

26 g E, 34 g F, 22 g KH
Zubereitungszeit: 20 Minuten, zuzüglich
ca. 3 Stunden Auftauzeit für den Spinat

1 kleine Zwiebel (ca. 75 g)
1 Knoblauchzehe
1 kleine Kartoffel (ca. 75 g)
1 EL Rapsöl
400 ml Gemüsebrühe (instant)
200 g tiefgekühlter Spinat
Salz, Pfeffer
1 Prise Muskatnuss, frisch gerieben
100 ml fettarmer Joghurt (1,5 % Fett)
65 g Blauschimmelkäse

Zwiebel und Knoblauchzehe abziehen und klein schneiden. Die Kartoffel schälen und klein würfeln.
Das Rapsöl in einem Topf erhitzen und Zwiebel und Knoblauch glasig dünsten. Die Kartoffelstücke dazugeben und mit Brühe aufgießen. Dann 5 Minuten kochen lassen, bis die Kartoffeln weich sind.
Den aufgetauten Spinat einrühren und mit dem Pürierstab fein pürieren.
Mit Salz, Pfeffer und Muskatnuss abschmecken. Den Joghurt unterziehen und nicht mehr kochen lassen.
Den Käse mit einer Gabel grob zerbröseln und über die Suppe streuen.

Gemüsesuppe mit Lachsfilet

38 g E, 30 g F, 20 g KH
Zubereitungszeit: 35 Minuten

1 kleine Möhre (ca. 50 g)
1 Stange Lauch (ca. 200 g)
1 kleine Fenchelknolle (ca. 100 g)
2 Knoblauchzehen
500 ml Fleisch- oder Geflügelbrühe (instant)
Salz, Pfeffer
etwas Zitronensaft nach Belieben
125 g frisches Lachsfilet
100 g saure Sahne

Möhre, Lauch und Fenchelknolle putzen. Das Fenchelgrün fein hacken und beiseite stellen. Den Lauch in 1 cm breite Ringe schneiden. Möhre und Fenchel würfeln. Knoblauchzehen abziehen und in feine Scheiben schneiden.
Die Brühe erhitzen und das Gemüse bei schwacher Hitze etwa 20 Minuten ziehen lassen, bis es bissfest ist. Mit Salz, Pfeffer und eventuell etwas Zitronensaft pikant abschmecken.
Das Lachsfilet in feine Streifen schneiden und 5 Minuten in der Suppe ziehen lassen. Zum Anrichten die saure Sahne auf die Suppe geben, nur leicht verrühren und mit dem Fenchelgrün bestreut servieren.

Tomaten-Kokos-Suppe mit Nordseekrabben

29 g E, 32 g F, 23 g KH
Zubereitungszeit: 30 Minuten

400 g reife Tomaten
1 mittelgroße Zwiebel
1 EL Olivenöl
1 EL gemahlene Mandeln
75 g Tomatenmark (aus der Tube)
1 kleine Dose Kokosmilch (160 ml)
Salz, Pfeffer
100 g geschälte und gekochte Nordseekrabben

Die Tomaten halbieren und Stielansätze und Kerne entfernen. Das Fruchtfleisch grob würfeln. Die Zwiebel abziehen und fein würfeln. Das Olivenöl in einem Topf erhitzen und die Zwiebeln glasig dünsten. Mandeln und Tomatenmark dazugeben und kurz mitrösten, damit sich die Aromen entfalten können. Die Tomaten in den Topf geben, 100 ml Wasser angießen und zugedeckt etwa 10 Minuten dünsten, bis sie weich sind. Öfter umrühren und bei Bedarf etwas Wasser nachgießen.
Den Topf vom Herd nehmen, die Kokosmilch dazugeben und mit dem Pürierstab fein pürieren.
Mit Salz und Pfeffer abschmecken und die Nordseekrabben in der Suppe erwärmen.

Wirsingsuppe mit Flusskrebsen

52 g E, 21 g F, 24 g KH
Zubereitungszeit: 25 Minuten

½ kleiner Wirsing
  (ca. 300 g vorbereitet gewogen)
1 Bund Frühlingszwiebeln
1 walnussgroßes Stück Ingwer
½ bis 1 rote Peperoni, je nach Schärfegeschmack
1 kleine Kartoffel
1 Fleischtomate
1 EL Rapsöl
400 ml klare Gemüsebrühe (instant)
200 g Nordseekrabben
Salz, Pfeffer, 1 EL Crème fraîche

Die Wirsingblätter waschen, gut trocken schütteln und die harten Blattrispen entfernen. Die Blätter klein hacken. Die Frühlingszwiebeln abziehen und in feine Streifen schneiden. Den Ingwer schälen, die Peperoni längs aufschlitzen, die Kerne entfernen und beides klein würfeln. Die Kartoffel schälen, waschen und in Würfel schneiden. Die Tomate heiß überbrühen, häuten, halbieren, Stielansätze und Kerne entfernen und das Fruchtfleisch würfeln. Das Rapsöl in einem großen Topf erhitzen. Ingwer, Peperoni und Frühlingszwiebeln kurz andünsten. Mit Brühe ablöschen. Die Kartoffelwürfel in die Suppe geben und 5 Minuten kochen, bis sie bissfest sind. Den gehackten Wirsing dazugeben und 5 Minuten in der Suppe ziehen lassen. Zum Schluss die Tomatenwürfel und Krabben in der Suppe erwärmen. Mit Salz und Pfeffer abschmecken. Zum Servieren die Crème fraîche in die Mitte setzen.

Garnelencremesuppe mit Frühlingszwiebeln

Foto oben

30 g E, 35 g F, 18 g KH
Zubereitungszeit: 15 Minuten

1 kleine Kartoffel (ca. 75 g)
400 ml Kalbs- oder Hummerfond (aus dem Glas)
125 g gekochte Garnelen
100 ml Sahne
Salz, Pfeffer
1 Bund Frühlingszwiebeln

Die Kartoffel schälen, in kleine Würfel schneiden und im Fond 5 bis 7 Minuten kochen lassen, bis sie weich sind. Ein paar Garnelen zur Dekoration beiseitelegen, die restlichen für 2 Minuten in den Fond geben. Mit dem Pürierstab fein pürieren, die Sahne einrühren und mit Salz und Pfeffer abschmecken. Nicht mehr kochen lassen. Die Frühlingszwiebeln putzen, in feine Scheiben schneiden und kurz in der Garnelencreme erwärmen. Die Suppe in einem großen, tiefen Teller anrichten und die übrigen Garnelen daraufgeben.

Suppen

Suppe von grünem Spargel mit gebratenem Speck

Foto links

32 g E, 34 g F, 12 g KH
Zubereitungszeit: 20 Minuten

500 g grüner Spargel
500 ml Gemüsebrühe (instant)
1 Scheibe Zitrone
1 Prise Zucker
2 Zweige Thymian
2 Scheiben Speck
100 g Mozzarella
Salz, Pfeffer

Den Spargel, wenn nötig, im unteren Drittel schälen und in Stücke schneiden. Köpfchen beiseitelegen. Spargelstücke in der Gemüsebrühe zusammen mit der Zitronenscheibe, dem Zucker und den Thymianzweigen zum Kochen bringen und 5 Minuten köcheln lassen. Dann die Köpfchen dazugeben und weitere 5 Minuten bei reduzierter Hitze kochen, bis das Gemüse bissfest ist.
In der Zwischenzeit die Speckscheiben in einer beschichteten Pfanne ohne zusätzliches Fett knusprig braten.
Einige Spargelköpfchen zur Dekoration aus der Suppe nehmen. Die Zitronenscheibe und Thymianzweige entfernen.
Den Mozzarella zerkleinern, in die Suppe geben und mit dem Pürierstab fein pürieren. Mit Salz und Pfeffer abschmecken.
Zum Anrichten den Speck auf die Suppe geben und mit den Spargelköpfchen garnieren.

Lauchsuppe mit Schmelzkäse und Mett

37 g E, 31 g F, 17 g KH
Zubereitungszeit: 30 Minuten

1 dicke Stange Lauch
1 mittelgroße Zwiebel
1 EL Butter
50 g Rinderhackfleisch
400 ml Rinderfond (aus dem Glas) oder Gemüsebrühe (instant)
Salz, Pfeffer
1 Prise Muskatnuss, frisch gerieben
2 Ecken Schmelzkäse nach Geschmack (100 g)
1 EL Schnittlauch in Röllchen

Den Lauch putzen, längs aufschneiden, gründlich waschen und in Scheiben schneiden. Die Zwiebel abziehen und fein würfeln.
Die Butter in einem Topf erhitzen und die Zwiebeln glasig dünsten. Das Rinderhackfleisch dazugeben und krümelig anbraten. Mit Rinderfond oder Gemüsebrühe aufgießen und 5 bis 7 Minuten bei schwacher Hitze kochen lassen, bis der Lauch weich ist.
Mit Salz, Pfeffer und Muskatnuss pikant abschmecken.
Den Schmelzkäse klein schneiden und in der Suppe unter Rühren auflösen. Nicht mehr kochen lassen. Mit den Schnittlauchröllchen bestreut servieren.

Tipp: Wenn Sie einmal nicht so gern Fleisch essen wollen, können Sie das Rinderhackfleisch auch weglassen. Nehmen Sie stattdessen 150 Gramm Schmelzkäse. Das Gericht hat dann wieder die erforderlichen 500 Kalorien.

Suppen

Klare Tomaten-Sellerie-Suppe mit Kassler

33 g E, 28 g F, 29 g KH
Zubereitungszeit: 25 Minuten

300 g Staudensellerie
200 g Tomaten
1 mittelgroße weiße Zwiebel
1 Knoblauchzehe
1 EL Rapsöl
1 EL Tomatenmark (aus der Tube)
500 ml Gemüse- oder Hühnerbrühe (instant)
1 TL Rapsöl
1 Scheibe Toastbrot
100 g gekochtes Kassler
Salz, Pfeffer
1 großer EL Crème fraîche

Vom Staudensellerie 300 g Stängel abtrennen, waschen, wenn nötig, dünn abschälen und in schmale Streifen schneiden. Die Tomaten heiß überbrühen, abziehen, die Stielansätze und Kerne entfernen und das Fruchtfleisch würfeln. Zwiebel und Knoblauchzehe abziehen und in feine Scheiben schneiden.
Den EL Rapsöl in einem Topf erhitzen und Zwiebel und Knoblauch leicht anschwitzen. Das Tomatenmark dazugeben und kurz anrösten, damit es sein volles Aroma entwickeln kann.
Mit der Brühe aufgießen und die Selleriestreifen dazugeben. Bei schwacher Hitze etwa 8 bis 10 Minuten köcheln lassen, bis sie bissfest sind.
In der Zwischenzeit das Toastbrot in Würfel schneiden. Den TL Rapsöl in einer kleinen, beschichteten Pfanne erhitzen und die Brotwürfel unter Rühren zu knusprigen Croutons braten. Herausnehmen und beiseitestellen.
Die Tomatenwürfel in die Suppe geben und 2 Minuten mitköcheln lassen.
Das Kassler in feine Streifen schneiden und in der Suppe erwärmen. Mit Salz und Pfeffer abschmecken. Zum Servieren einen Klecks Crème fraîche in die Mitte setzen.

Frühstücke

Großes Frühstück

Falls einer Ihrer beiden Diättage mal aufs Wochenende fallen sollte, lassen Sie sich doch zur Abwechslung ein großes Frühstück schmecken, zu dem Sie auch getrost Gäste einladen können. Mit 500 Kalorien pro Portion lässt sich schon ordentlich etwas anfangen.
Für den Eiweißgehalt sind bei den Frühstücksideen ganz klar meist die Eier verantwortlich. Es wird aber auch Fisch als wichtiger Proteinlieferant verwendet. Was Sie nicht essen sollten, ist Brot. Das kommt – wenn überhaupt – nur in homöopathischen Dosen vor.

Eiweiß- und Kohlenhydratgehalt pro 100 g

	E	KH
Räucherlachs	29	0
Roastbeef	22	0
geräucherte Putenbrust	22	1
Garnelen	19	0
Schafskäse	17	0,5
Ei, Größe M	13	1
Vollkornbrot	8	41
Baguette	8	55
Pumpernickel	7	37
Avocado	2	0,5

Überbackenes Lachssandwich

Foto unten

41 g E, 30 g F, 18 g KH
Zubereitungszeit: 20 Minuten

- 1 dünne Baguettescheibe (ca. 30 g)
- 30 g Rucola
- 1 EL Balsamicocreme
- ½ Kugel Mozzarella (ca. 65 g Abtropfgewicht)
- 3 Scheiben Räucherlachs (ca. 65 g)
- Salz, schwarzer Pfeffer aus der Mühle
- 2 Scheiben Schmelzkäse, z. B. Gruyère (ca. 25 g)
- 2 TL deutscher Kaviar

Den Backofen auf 200 °C vorheizen. Von einem Baguette längs eine dünne Scheibe abschneiden und auf eine Alufolie legen. Die Rucolablätter auf einem Teller anrichten und mit der Balsamicocreme beträufeln.

Den Mozzarella in Scheiben schneiden und zusammen mit dem Räucherlachs auf dem Sandwich verteilen. Mit Salz und frisch gemahlenem Pfeffer würzen.

Die Schmelzkäsescheiben darübergeben und 6 bis 7 Minuten auf dem Gitterrost im vorgeheizten Backofen überbacken, bis der Käse geschmolzen ist.

Zum Servieren je 1 TL Kaviar auf die Schmelzkäsescheiben setzen.

Frühstücke

Variante

Überbackenes Roastbeefsandwich

45 g E, 28 g F, 18 g KH
Zubereitungszeit: 20 Minuten

1 mittelgroße Tomate
1 dünne Baguettescheibe
1 TL Butter
½ Kugel Mozzarella
100 g Roastbeef
Salz, schwarzer Pfeffer aus der Mühle
3 Scheiben Schmelzkäse, z. B. Gruyère (ca. 40 g)
2 TL deutscher Kaviar

Den Backofen auf 200 °C vorheizen. Die Tomate heiß überbrühen, häuten, die Stielansätze entfernen und in Scheiben schneiden.
Von einem Baguette längs eine dünne Scheibe abschneiden, dünn mit Butter bestreichen und auf eine Alufolie legen. Die Tomatenscheiben darauflegen.
Den Mozzarella in Scheiben schneiden und zusammen mit dem Roastbeef auf dem Sandwich verteilen. Mit Salz und frisch gemahlenem Pfeffer würzen.
Die Schmelzkäsescheiben darübergeben und 6 bis 7 Minuten im vorgeheizten Backofen auf dem Gitterrost überbacken, bis der Käse geschmolzen ist.

Rührei mit Parmaschinken

34 g E, 34 g F, 15 g KH
Zubereitungszeit: 15 Minuten

2 Eier, Größe M
Salz, Pfeffer
Mineralwasser
3 braune Champignons (ca. 60 g)
1 EL Butter
50 g Parmaschinken
25 g Salami
50 g Dillgurken
1 Scheibe Vollkornbrot

Die Eier mit Salz, Pfeffer und einem Schuss Mineralwasser verquirlen. Die Champignons putzen und in dünne Scheiben schneiden.
Die Butter in einer kleinen beschichteten Pfanne schmelzen und die Eimasse hineingeben. Die Champignons darüberstreuen. Bei schwacher Hitze braten, bis die Masse stockt. Dann das Ei zusammenklappen.
Parmaschinken, Salami und Dillgurken auf einem Teller anrichten, das Rührei danebenlegen. Dazu eine Scheibe Vollkornbrot essen.

Rührei mit gebratenem Frühstücksspeck

Foto oben

28 g E, 36 g F, 16 g KH
Zubereitungszeit: 20 Minuten

100 g Brokkoli
Salz
2 mittelgroße Tomaten
3 Scheiben Frühstücksspeck
2 Eier, Größe M
Pfeffer
50 g Kräuterfrischkäse (20 % Fett)
1 TL Butter

Vom frischen Brokkoli die Röschen abschneiden. Die Brokkoliröschen (frisch oder tiefgekühlt) 5 bis 6 Minuten in Salzwasser blanchieren, bis sie bissfest beziehungsweise aufgetaut sind. Durch ein Sieb abgießen und sofort mit eiskaltem Wasser abschrecken – so bleiben sie schön grün.

Die Tomaten waschen, halbieren und die Stielansätze herausschneiden. 1 ½ Tomaten in Scheiben schneiden. Aus der übrigen halben Tomate die Kerne entfernen und das Fruchtfleisch würfeln. Die Eier in eine Rührschüssel geben, mit Salz, Pfeffer und Frischkäse verquirlen. Die Tomatenwürfel unterrühren.
Den Frühstücksspeck in einer beschichteten Pfanne ausbraten, herausnehmen und auf einem Teller anrichten.
Die Butter in einer Pfanne zergehen lassen. Die Eimasse dazugeben und bei schwacher Hitze stocken lassen. Gelegentlich umrühren.
Dann das Rührei mit dem Gemüse zum Speck auf den Teller geben.
Dazu können Sie zwei kleine Scheiben Baguette essen.

Frühstücke

Rührei mit Kresse

25 g E, 35 g F, 19 g KH
Zubereitungszeit: 15 Minuten

100 g Salatgurke
100 g Cocktailtomaten
Salz, Pfeffer
1 TL Balsamicocreme
1 Kästchen Gartenkresse
2 Eier, Größe M
30 ml Sahne
Mineralwasser
1 EL Butter
30 g Schinkenwürfel
1 Scheibe Vollkornbrot

Etwa ein 8 cm langes Stück von der Salatgurke schälen und in Scheiben schneiden. Die Cocktailtomaten waschen und halbieren. Beides auf einen Teller legen, mit Salz und Pfeffer würzen und mit der Balsamicocreme beträufeln.
Die Kresse aus dem Kästchen nehmen, waschen, gut abtropfen lassen und abschneiden. Die Eier mit Salz, Pfeffer, Sahne und einem Schuss Mineralwasser verquirlen.
Die Butter in einer beschichteten Pfanne schmelzen und die Schinkenwürfel glasig dünsten. Die Eimasse dazugeben und mit der Kresse bestreuen. Bei schwacher Hitze so lange braten, bis die gewünschte Konsistenz erreicht ist. Dann das Ei zusammenklappen und zum Gemüse legen. Dazu können Sie eine dünne Scheibe Vollkornbrot essen.

Gegrillter Schafskäse mit Tomaten

27 g E, 40 g F, 4 g KH
Zubereitungszeit: 20 Minuten

150 g Schafskäse (Feta)
½ TL getrockneter Oregano
1 kleine weiße Zwiebel
6 Cocktailtomaten
1 EL Olivenöl
3 schwarze entsteinte Oliven (10 g)
schwarzer Pfeffer aus der Mühle

Den Backofen auf 200 °C vorheizen. Den Schafskäse auf ein Stück Alufolie legen und rundherum so falten, dass keine Flüssigkeit austreten kann. Mit dem Oregano bestreuen.
Die Zwiebel abziehen und in feine Ringe schneiden. Die Cocktailtomaten waschen und vierteln. Beides auf dem Käse verteilen und mit Olivenöl beträufeln.
Die Oliven halbieren und darauflegen. Im vorgeheizten Backofen 15 Minuten backen und vor dem Servieren mit frisch gemahlenem schwarzen Pfeffer bestreuen.

Frühstück

Shrimpsquark mit Pumpernickel

53 g E, 22 g F, 22 g KH
Zubereitungszeit: 25 Minuten

50 g Schinkennuggets
125 g Sahnequark (40 % Fett)
50 ml Naturjoghurt
Salz, Pfeffer
1 EL Zitronensaft
125 g gekochte und geschälte Pazifikgarnelen
1 EL gehackter Dill oder Schnittlauch
5 Pumpernickeltaler

Die Schinkennuggets in einer beschichteten Pfanne ohne Fett anbraten. Auf einen Teller geben und 15 Minuten auskühlen lassen.
Aus Sahnequark, Joghurt, Salz, Pfeffer und Zitronensaft eine Sauce anrühren.
Die Shrimps in ein Sieb geben, kalt abbrausen und gut abtropfen lassen.
Die Sauce mit Schinken und Garnelen vermischen. Mit Dill oder Schnittlauch bestreut servieren und die Pumpernickeltaler dazu essen.

Forellencreme mit Cräcker auf Eisbergsalat

37 g E, 27 g F, 25 g KH
Zubereitungszeit: 20 Minuten

½ Zitrone
125 g geräucherte Forellenfilets
1 großer EL Crème fraîche (ca. 15 g)
1 großer EL Frischkäse (ca. 20 g)
1 EL Meerrettich (aus der Tube oder aus dem Glas)
Salz, Pfeffer
15 Pinienkerne
3 Blätter Eisbergsalat
1 TL weiße Balsamicocreme

Frischkäse und Meerrettich im Mixer zu einer Creme verarbeiten. Mit Zitronensaft, Salz und Pfeffer pikant abschmecken.
Die Pinienkerne in einer beschichteten Pfanne ohne zusätzliches Fett unter ständigem Rühren goldgelb rösten.
Die Salatblätter waschen, trocken schleudern, auf einem Teller ausbreiten und mit Balsamicocreme beträufeln. Jeweils 1 EL der Forellencreme daraufsetzen und die Zitronenschnitze hineinstecken. Mit den Pinienkernen bestreut servieren.

Tipp: Sie können die Creme – zum Beispiel für Gäste – schon am Vortag zubereiten und im Kühlschrank aufbewahren. Dann ist sie fest genug, um mit dem Eiskugelformer Kugeln davon abzustechen.

Von der halben Zitrone 1 Scheibe abschneiden und in Segmente schneiden, die restliche Zitrone auspressen.
Die Forellenfilets mit einer Gabel zerpflücken. Zusammen mit Crème fraîche,

Avocadosalat mit Partygarnelen

Foto oben

?8 g E, 39 g F, 6 g KH
Zubereitungszeit: 20 Minuten

½ reife Avocado (ca. 125 g Fruchtfleisch)
125 g Cocktailtomaten
2 Stängel Frühlingszwiebeln
1 EL grob gehackte Petersilie
1 EL Apfelessig
Salz, Pfeffer
1 EL Olivenöl
125 g gekochte und geschälte Partygarnelen

Das Avocadofruchtfleisch mit einem Löffel vorsichtig aus der Schale heben und würfeln. Die Cocktailtomaten waschen und vierteln. Die Frühlingszwiebeln abziehen, längs halbieren und in feine Streifen schneiden.

Aus Apfelessig, Salz, Pfeffer und Olivenöl eine cremige Marinade rühren. Avocadowürfel, Petersilie und Frühlingszwiebel unterrühren und kurz ziehen lassen. Tomaten und Garnelen unterheben und den Salat in der Avocadoschale servieren.

Beilage zu den Drinks:
2 wachsweiche Eier im Glas

In einem kleinen Topf Wasser zum Kochen bringen. Die Eier an der stumpfen Seite mit einem Eierstecher oder einer Nadel anstechen. Im sprudelnden Wasser 5 Min. kochen, herausnehmen und kalt abschrecken. Abschälen und in ein Glas oder eine Tasse geben.

Kresse-Gurken-Smoothie mit Käsebrot

32 g E, 29 g F, 27 g KH
Zubereitungszeit: 15 Minuten

250 ml Naturjoghurt (3,5 % Fett)
200 g Salatgurke
1 Kästchen Gartenkresse
1 EL Zitronensaft
Salz, Pfeffer
1 Scheibe Vollkornbrot
1 TL Butter oder Margarine
1 Scheibe Butterkäse

Joghurt, geschälte und entkernte Gurke und Kresse im Mixer fein pürieren. Mit Zitronensaft, Salz und Pfeffer pikant abschmecken. Das Brot dünn mit Butter oder Margarine bestreichen, den Käse darauflegen und mit frischem Pfeffer aus der Mühle bestreuen.

Radieschenbuttermilch und Putenbrustbrot

49 g E, 20 g F, 27 g KH
Zubereitungszeit: 15 Minuten

200 g Radieschen
250 ml Buttermilch
Salz, Pfeffer
1 Scheibe Vollkornbrot
1 TL Butter oder Margarine
100 g geräucherte Putenbrust

Die Radieschen waschen und putzen. 150 g Radieschen mit der Buttermilch im Mixer glatt rühren und mit Salz und Pfeffer abschmecken.
Das Vollkornbrot mit dünn Butter oder Margarine bestreichen und die Putenbrust darauflegen. Die restlichen Radieschen in Scheiben schneiden und darübergeben.

Avocadokefir

Foto oben

22 g E, 42 g F, 9 g KH
Zubereitungszeit: 10 Minuten

200 ml Kefir
½ reife Avocado
Salz, Pfeffer, Zitronensaft nach Belieben

Kefir und Avocado cremig mixen und mit Salz, Pfeffer und Zitronensaft abschmecken.

Salate

Salatbar

Beim Wort »Diät« denken die meisten von uns sofort an Salat: ein paar grüne Blätter, ein Dressing aus Zitronensaft und fettarmem Joghurt – Hauptsache kalorienarm. Nicht so bei uns: Unsere Salat machen richtig was her. Neben Lollo rosso und Kopfsalat, die nicht nur Volumen geben, sondern auch hübsch anzusehen sind, verwenden wir auch leckere Avocado, spanischen Serranoschinken, Thunfisch oder Rinderfilet.

Für das Protein im Salat sorgen fast immer die hart gekochten Eier. Ebenfalls eine gute Eiweißquelle sind Samen und Nüsse. Allerdings werden diese nur sparsam eingesetzt, denn sie enthalten auch Kohlenhydrate.

Eiweiß- und Kohlenhydratgehalt pro 100 g

	E	KH
Erdnüsse	26	8
Thunfisch i. d. Dose	24	0
Serranoschinken	21	0
Sesamsaat	21	10
Walnusskerne	15	12
Champignons	4	0,5
Rucola	3	2
Avocado	2	0,5
Lollo rosso	1	1
Kopfsalat	1	1

Bunter Salat mit Avocado

Foto unten

14 g E, 47 g F, 6 g KH
Zubereitungszeit: 20 Minuten

½ Avocado (125 g Fruchtfleisch)
100 g Salatgurke
1 hart gekochtes Ei, Größe M
100 g Rucola
100 g Lollo rosso
100 g Lollo bianco
2 EL weißer Balsamessig
1 EL Olivenöl
Salz, Pfeffer
1 EL Balsamicocreme

Die Avocado mit einem Löffel möglichst im Ganzen aus der Schale heben und quer in Scheiben schneiden. Das etwa 8 bis 10 cm lange Gurkenstück schälen, längs halbieren, die Kerne mit einem Löffel herausschaben und in Scheiben schneiden. Das hart gekochte Ei schälen und klein hacken.
Die Blattsalate waschen, putzen und gut trocken schleudern, danach in mundgerechte Stücke zupfen. In einer Schüssel mit Avocado, Gurke und dem gehackten Ei vermengen. Aus weißem Essig, Olivenöl, Salz und Pfeffer mit dem Schneebesen eine cremige Marinade anrühren und unter den Salat heben.
Auf einem Teller anrichten und mit Balsamicocreme beträufelt servieren.

Salate

Spargelsalat mit Avocadodip

22 g E, 39 g F, 15 g KH
Zubereitungszeit: 30 Minuten

400 g grüner Spargel
Salz, 1 Prise Zucker
1 Bund Frühlingszwiebeln
1 hart gekochtes Ei, Größe M
½ reife Avocado
100 g Naturjoghurt
1 EL Zitronensaft
1 EL scharfer Senf
Pfeffer
1 Msp. Chilipulver

Den Spargel, wenn nötig, im unteren Drittel schälen und schräg in etwa 3 cm lange Stücke schneiden. In kochendem Salzwasser mit einer Prise Zucker 3 bis 5 Minuten blanchieren. Der Spargel sollte noch recht knackig sein. Durch ein Sieb abgießen und auskühlen lassen.
Die Frühlingszwiebeln waschen, putzen und in feine Ringe schneiden. Das Ei schälen und klein würfeln.
Das Avocadofruchtfleisch mit einem Löffel aus der Schalle heben und mit Joghurt, Zitronensaft und Senf im Mixer pürieren, mit Pfeffer und Chilipulver abschmecken. Den Spargel auf einem Teller anrichten, Avocadodip darauf verteilen und mit den Frühlingszwiebeln und dem gehackten Ei bestreut servieren.

Brokkolisalat mit Mandeln

29 g E, 36 g F, 12 g KH
Zubereitungszeit: 30 Minuten

200 g Brokkoli
Salz
25 g Mandelblättchen
7 Cocktailtomaten (ca. 50 g)
2 hart gekochte Eier, Größe M
75 ml fettarmer Joghurt (1,5 % Fett)
1 EL milder oder scharfer Senf nach
   Belieben
1 TL Zitronensaft
1 EL Walnussöl
Pfeffer

Die Brokkoliröschen von den Stielen schneiden und die Stiele klein würfeln. In reichlich Salzwasser 8 bis 10 Minuten bissfest kochen, danach durch ein Sieb abgießen und eiskalt abschrecken. Sie können natürlich auch tiefgekühlten Brokkoli verwenden, den Sie entweder auftauen lassen oder in kochendes Wasser legen, bis er aufgetaut ist.
Die Mandelblättchen in einer beschichteten Pfanne ohne zusätzliches Fett goldgelb rösten. Dabei ständig rühren, damit sie nicht anbrennen, anschließend sofort aus der Pfanne auf einen Teller geben.
Die Cocktailtomaten waschen und halbieren. Die Eier schälen und in Spalten schneiden.
In einer Salatschüssel aus Joghurt, Senf, Zitronensaft, Walnussöl, Salz und Pfeffer mit dem Schneebesen eine cremige Marinade anrühren. Brokkoli und Tomaten unterheben und das Ganze 5 Minuten ziehen lassen. Dann die Mandeln unterheben und mit den Eierspalten dekoriert servieren.

Selleriesalat mit Gouda und Walnüssen

29 g E, 36 g F, 14 g KH
Zubereitungszeit: 20 Minuten

25 g Walnusskerne
2–3 Stängel Staudensellerie
1 kleine weiße Zwiebel
75 g mittelalter Gouda
100 g Naturjoghurt
Salz, Pfeffer
1 EL Zitronensaft

Die Walnusskerne hacken und in einer beschichteten Pfanne ohne Fett rösten, bis sie aromatisch duften.
Vom Staudensellerie (zum Beispiel übrig von der Tomaten-Sellerie-Suppe auf Seite 47) 2 bis 3 Stängel abtrennen, waschen, wenn nötig, dünn abschälen und in feine Scheiben schneiden. Die Zwiebel abziehen und fein würfeln. Den Gouda in dünne Streifen schneiden. Alle Zutaten in einer Salatschüssel vermischen.
Aus Joghurt, Salz, Pfeffer und Zitronensaft eine Sauce anrühren und unter den Salat heben. Mit den Walnusskernen bestreut servieren.

Salat vom Harzer Käse mit Erdnüssen

69 g E, 21 g F, 10 g KH
Zubereitungszeit: 20 Minuten

20 g Erdnüsse
1 Rolle Harzer Käse (200 g)
150 g Cocktailtomaten
1 kleiner Chicorée
1 kleine rote Zwiebel
2 EL Apfelessig
Salz, Pfeffer
1 EL Olivenöl
1 EL Schnittlauch in Röllchen

Die Erdnüsse hacken und in einer beschichteten Pfanne ohne Fett goldgelb rösten, bis sie aromatisch duften. Herausnehmen und beiseitestellen.
Den Käse in Würfel schneiden. Die Tomaten waschen und halbieren. Den Chicorée putzen, der Länge nach halbieren und den bitteren Strunk entfernen. Die Blätter in Streifen schneiden. Die Zwiebel abziehen und in feine Ringe schneiden. Alle Zutaten in eine Salatschüssel geben. Aus Apfelessig, Salz, Pfeffer und Olivenöl mit dem Schneebesen eine cremige Marinade anrühren und mit dem Salat vermischen. Mit den Schnittlauchröllchen und den Erdnüssen bestreut servieren.

Salate

Champignonsalat mit Schinkennuggets

36 g E, 31 g F, 18 g KH
Zubereitungszeit: 25 Minuten

250 g weiße oder braune Champignons
50 g Schinkennuggets
1 EL Butter
2 EL Aceto balsamico
Salz, Pfeffer
85 g Feldsalat
1 hart gekochtes Ei, Größe M
75 g Naturjoghurt
1 EL Zitronensaft
3 Pumpernickeltaler
1 EL Sesamsaat

Die Champignons mit Küchenpapier abreiben, eventuell die braunen Füßchen abschneiden. Die Pilze halbieren oder vierteln.
Die Schinkennuggets in einer großen beschichteten Pfanne (die Champignons sollen nachher darin Platz haben) ohne zusätzliches Fett knusprig braten, herausnehmen und beiseitestellen.
Die Butter in der Pfanne erhitzen und die Champignons 1 Minute unter Rühren anbraten. Mit dem Aceto balsamico ablöschen und zugedeckt 1 Minute bei schwacher Hitze ziehen lassen. Mit Salz und Pfeffer würzen.
Den Feldsalat unter fließendem Wasser gründlich waschen und in Blätter teilen. Gut abtropfen lassen.
Das hart gekochte Ei schälen und klein hacken, anschließend in den Joghurt rühren und mit Zitronensaft, Salz und Pfeffer abschmecken.
Die Pumpernickeltaler zerbröseln. Die Champignons mit ihrem Saft, dem Feldsalat und den Pumpernickelstückchen in einer Salatschüssel vermischen. Die Joghurt-Ei-Marinade unterheben. Mit den Schinkennuggets und der Sesamsaat bestreut servieren.

Foto rechts

Junger Spinatsalat mit Serrano-Croûtons und Cranberrys

42 g E, 32 g F, 12 g KH
Zubereitungszeit: 25 Minuten

250 g junger Spinat
1 kleine weiße Zwiebel
2 EL weißer Balsamessig
Salz, Pfeffer
1 TL Honig
1 EL Olivenöl
100 g Serranoschinken in 2 mm dicken Scheiben

1 TL Olivenöl
2 hart gekochte Eier
2 EL Cranberrys (ca. 20 g)

Den jungen Spinat waschen, verlesen und in Blättchen teilen. Die Zwiebel abziehen und würfeln.
Aus Balsamessig, Salz, Pfeffer, Honig und 1 EL Olivenöl mit dem Schneebesen eine cremige Marinade anrühren. Zwiebeln und Spinat mit der Marinade vermischen.

Die Schinkenscheiben in etwa 1 cm große Quadrate schneiden. 1 TL Olivenöl in einer beschichteten Pfanne erhitzen, den Serranoschinken knusprig anbraten, herausnehmen und auf Küchenpapier abtropfen lassen. Die Cranberrys kurz im Bratfett schwenken.
Den Salat auf einem Teller anrichten, Serrano-Croûtons und Cranberrys darüberstreuen. Die Eier schälen, halbieren und darauflegen.

Tipp: Im Kühlregal in den Supermärkten gibt es eine Menge schöner Salatmischungen, die Sie für dieses Rezept auch verwenden können, zum Beispiel mit Blättern von Roter Bete, Rucola und Feldsalat.

Salate

Thunfisch auf Blattsalaten

Foto links

34 g E, 39 g F, 6 g KH
Zubereitungszeit: 20 Min.

300 g Blattsalat nach Belieben
   (z.B. Lollo rosso, Lollo bianco, Eisberg-
   oder Eichblattsalat)
1 rote Zwiebel
½ rote Peperoni
2 EL weißer Balsamessig
Salz, Pfeffer
2 EL Olivenöl
1 Dose Thunfisch (in eigenem Saft,
   ca. 140 g Abtropfgewicht)

Den Salat waschen, gut abtropfen lassen und in mundgerechte Stücke zupfen.
Die Zwiebel schälen und in feine Ringe schneiden. Die Peperoni längs halbieren, die Kerne herausschaben und in Ringe schneiden.
Balsamessig mit Salz und Pfeffer verrühren und mit dem Olivenöl zu einer cremigen Sauce aufschlagen.
Salat, Zwiebel und Peperoniringe mit der Marinade vermischen und auf einem Teller verteilen.
Den Thunfisch abtropfen lassen, mit einer Gabel grob zerkleinern und auf dem Salat verteilen.

Thunfischcreme auf Salatgurke

42 g E, 34 g F, 6 g KH
Zubereitungszeit: 20 Min.

1 Dose Thunfisch (in eigenem Saft,
   ca. 140 g Abtropfgewicht)
75 g Frischkäse (20% Fett i.d. Tr.)
2 EL Naturjoghurt
1 EL Tomatenmark
1 EL Olivenöl
1 EL Zitronensaft
Salz, Pfeffer
100 g Salatgurke
1 EL Schnittlauch in Röllchen oder fein
gehacktes Basilikum

Den Thunfisch abtropfen lassen und mit einer Gabel zerkleinern. Mit Frischkäse, Joghurt, Tomatenmark und Olivenöl im Mixer zu einer sämigen Creme rühren und mit Zitronensaft, Salz und Pfeffer abschmecken.
Etwa 10 cm von einer Salatgurke abschneiden, schälen und längs halbieren. Die Kerne mit einem Teelöffel herausschaben, die Gurke in Scheiben schneiden und auf einem Teller anrichten und die Thunfischcreme darübergeben. Mit Schnittlauch oder Basilikum bestreut servieren.

Thunfischsalat

Foto oben

39 g E, 34 g F, 10 g KH
Zubereitungszeit: 20 Minuten

50 g grüne Bohnen
Salz
1 kleine weiße Zwiebel
2 mittelgroße Tomaten
3–4 Blätter Kopfsalat
1 Dose Thunfisch (in eigenem Saft, ca. 140 g Abtropfgewicht)
1 hart gekochtes Ei
2 EL Zitronensaft
Pfeffer
1 TL Olivenöl
5 schwarze entsteinte Oliven

Die Bohnen putzen, in etwa 3 cm lange Stücke schneiden und in Salzwasser etwa 10 bis 12 Minuten kochen, bis sie bissfest sind. Danach durch ein Sieb abgießen und sofort eiskalt abschrecken, damit sie ihre grüne Farbe behalten.
In der Zwischenzeit die Zwiebel abziehen und in dünne Ringe schneiden. Die Tomaten waschen, halbieren, die Stielansätze herausschneiden und in Spalten schneiden. Den Salat waschen, gut trocken schleudern und die Blätter auf einem Teller verteilen. Den Thunfisch mit einer Gabel grob zerkleinern. Das hart gekochte Ei schälen und quer halbieren. Alle Zutaten auf den Salatblättern verteilen, die schwarzen Oliven darübergeben und zum Schluss mit der Marinade aus Zitronensaft, Salz, Pfeffer und Olivenöl beträufeln.

Salate

Hähnchenbrustsalat mit Zitronenmayonnaise

40 g E, 35 g F, 8 g KH
Zubereitungszeit: 25 Minuten

1 Hähnchenbrustfilet (ca. 150 g)
Salz, Pfeffer
1 TL Rapsöl
1–2- Stängel Staudensellerie
1 Bund Frühlingszwiebeln
½ unbehandelte Zitrone
50 g Salatmayonnaise (50 % Fett)
25 g saure Sahne
4 Blätter Eisbergsalat

Das Hähnchenbrustfilet mit einem scharfen Messer quer halbieren und vorsichtig flach drücken. Mit Salz und Pfeffer würzen. Das Rapsöl in einer beschichteten Pfanne erhitzen und das Filet von beiden Seiten circa 3 Minuten goldgelb braten. Herausnehmen und abkühlen lassen.
Die Selleriestängel, wenn nötig, dünn abschälen und in kleine Würfel schneiden. Die Frühlingszwiebeln abziehen und in feine Ringe schneiden. Von der ½ unbehandelten Zitrone die Schale fein abreiben und den Saft auspressen.
Aus Mayonnaise, saurer Sahne, Zitronenschale und -saft mit dem Schneebesen eine Sauce anrühren. Mit Salz und Pfeffer abschmecken.
Das Hähnchenbrustfilet würfeln und zusammen mit den Selleriewürfeln unter die Zitronenmayonnaise heben.
Die Salatblätter waschen und gut trocknen, auf einem Teller ausbreiten und den Hähnchenbrustsalat in die Mitte setzen.

Kohlrabisalat mit Kaviar

29 g E, 37 g F, 10 g KH
Zubereitungszeit: 15 Minuten

20 g Walnusskerne
1 kleiner Kohlrabi (ca. 150 g)
250 g weiße oder braune Champignons
50 g Rucola
2 EL Apfelessig
2 EL Walnussöl
Salz, Pfeffer
2 EL Schnittlauch in Röllchen
1 kleines Gläschen Forellenkaviar (50 g)

Die Walnusskerne grob hacken und in einer beschichteten Pfanne ohne zusätzliches Fett rösten, bis sie aromatisch duften. Herausnehmen und beiseitestellen.
Den Kohlrabi schälen, halbieren und in hauchdünne Scheiben schneiden. Am besten gelingt das mit einem Gemüsehobel. Die Champignons mit Küchenpapier behutsam abreiben, eventuell die Füßchen abschneiden. Die Köpfchen in dünne Scheiben schneiden. Den Rucola waschen, putzen und gut abtropfen lassen.
Aus Apfelessig, Walnussöl, Salz und Pfeffer eine Marinade anrühren. Den Salat in eine Schüssel geben und mit der Marinade vermischen. Die Schnittlauchröllchen unterheben und den Forellenkaviar darauf verteilen.

Grüner Salat mit Rinderfiletstreifen

Foto rechts

47 g E, 31 g F, 6 g KH
Zubereitungszeit: 30 Minuten

1 Rinderfiletsteak (etwa 200 g)
1 EL Olivenöl
Salz, schwarzer Pfeffer aus der Mühle
½ Salatgurke
75 g Lollo bianco
2 EL weißer Balsamessig
1 EL scharfer Senf
1 EL Sesamöl
einige Blättchen rotes Basilikum zur Dekoration
1 EL geschälte Sesamsaat

Das Rinderfiletsteak trocken tupfen und mit dem Handballen leicht flach drücken. Das Olivenöl in einer beschichteten Pfanne erhitzen und das Steak von beiden Seiten je nach Dicke 3 bis 4 Minuten anbraten. Herausnehmen, salzen, mit frisch gemahlenem Pfeffer bestreuen und in Alufolie gewickelt nachgaren lassen.

Die Salatgurke gründlich waschen (denn sie wird mit Schale verwendet), längs halbieren und mit einem Teelöffel die Kerne herausschaben. Anschließend in dünne Scheiben schneiden.

Den Salat waschen und gut trocken schleudern und in mundgerechte Stücke zupfen.

Essig, Salz, Pfeffer und Senf verrühren, dann das Sesamöl mit einem Schneebesen einschlagen, sodass eine cremige Salatsoße entsteht. Mit den Gurkenscheiben und dem Lollo bianco vermischen und auf einem Teller anrichten.

Das Steak aus der Alufolie nehmen, in schmale Streifen schneiden und auf dem Salat verteilen. Mit Basilikum und Sesamsaat bestreut servieren.

Geflügel

Alles, was Flügel hat

Geflügel enthält zwar viel Eiweiß, aber wenig Fett. Zumindest was Hähnchen und Pute anbelangt. Mit Ente ist es aufgrund der vielen Fettkalorien schon schwieriger, für nur eine Person zu kochen. Deshalb bieten wir hier nur ein Rezept an. Weitere Entenrezepte finden Sie aber im Kapitel »Genug für zwei« (ab Seite 125).

Da Hähnchen- und Putenfleisch relativ kalorienarm ist, konnten wir in herzhaften Begleitern schwelgen: Schinken, Schafskäse, Crème fraîche und Mozzarella nehmen neben dem Federvieh deshalb gern in der Pfanne Platz.

Eiweiß- und Kohlenhydratgehalt pro 100 g

	E	KH
Putenschnitzel	24	0
Hähnchenbrust	22	0
Parmaschinken	21	0
Hähnchenkeule	18	0
Entenkeule	18	0

Putenschnitzel mit Parmaschinken und Mozzarella

Foto unten

51 g E, 29 g F, 9 g KH
Zubereitungszeit: 20 Minuten

1 Putenschnitzel (ca. 150 g)
Salz, Pfeffer
1 kleine rote Paprikaschote
1 kleiner Zucchino
1 Bund Frühlingszwiebeln
1 TL und 1 EL Olivenöl
1 Scheibe Parma- oder Serranoschinken
2 EL weißer Balsamessig
2 Scheiben Mozzarella (ca. 30 g)
3 schwarze entsteinte Oliven
etwas grobes Meersalz

Das Putenschnitzel vorsichtig flach drücken, sodass es überall gleich dick ist. Anschließend salzen und pfeffern.
Die Paprikaschote waschen, putzen und in Rauten schneiden. Den Zucchino waschen, putzen, längs halbieren und in dünne Scheiben schneiden. Die Frühlingszwiebeln waschen, abziehen und in feine Ringe schneiden.
1 TL Olivenöl in einer großen beschichteten Pfanne erhitzen und das Putenschnitzel von beiden Seiten goldgelb anbraten. In Alufolie gewickelt, warm stellen.
Den Schinken in der Pfanne knusprig werden lassen, herausnehmen und beiseitestellen.
1 EL Olivenöl dazugießen und das vorbereitete Gemüse unter ständigem Rühren 3 Minuten braten, bis es Farbe angenommen hat. Mit dem Essig ablöschen.
Zum Servieren das Putenschnitzel auf einen Teller geben, die Mozzarellascheiben und den Schinken darauflegen. Das Gemüse daneben anrichten, mit etwas grobem Meersalz bestreuen und mit den halbierten Oliven dekoriert servieren.

Geflügel

Überbackenes Putenschnitzel mit Spinat

56 g E, 25 g F, 13 g KH
Zubereitungszeit: 20 Minuten, zuzüglich ca. 3 Stunden Auftauzeit für den Spinat

1 EL Rosinen (ca. 10 g)
1 Putenschnitzel (ca. 170 g)
Salz, Pfeffer
1 EL Pinienkerne
1 EL Rapsöl
250 g aufgetauter Blattspinat (TK)
3 Scheiben Schmelzkäse (ca. 50 g)

Den Backofen auf 200 °C vorheizen. Die Rosinen in warmem Wasser einweichen. Das Putenschnitzel vorsichtig flach drücken und mit Salz und Pfeffer würzen. Die Pinienkerne in einer beschichteten Pfanne ohne zusätzliches Fett unter Rühren goldgelb rösten und beiseitestellen. Das Rapsöl in die Pfanne geben und das Putenschnitzel von beiden Seiten goldgelb anbraten, herausnehmen und den Spinat im Bratfett schwenken.
Den Spinat mit den gut ausgedrückten Rosinen und Pinienkernen vermischen und mit Salz und Pfeffer abschmecken. In eine feuerfeste Form umfüllen, das Schnitzel darauflegen und mit den Käsescheiben bedecken. 5 bis 7 Minuten im vorgeheizten Backofen überbacken, bis der Käse geschmolzen ist und Farbe angenommen hat. In der Form servieren.

Putenschnitzel mit Mandelsauce und Schalotten

49 g E, 31 g F, 5 g KH
Zubereitungszeit: 20 Minuten

½ Orange (ca. 50 ml Saft)
25 g gemahlene Mandeln
1 großer EL Crème fraîche
Salz, Cayennepfeffer
1 Putenschnitzel (ca. 180 g)
Pfeffer
200 g Schalotten
1 EL Olivenöl, 3 EL Apfelessig

Die Orange auspressen. Die gemahlenen Mandeln in einer beschichteten Pfanne ohne Fett goldgelb rösten, mit dem Orangensaft ablöschen und einkochen lassen. Vom Herd nehmen, das Crème fraîche einrühren und mit Salz und Cayennepfeffer abschmecken. Das Putenschnitzel vorsichtig flach drücken, salzen und pfeffern. Die Schalotten abziehen und längs vierteln. Das Olivenöl in einer beschichteten Pfanne erhitzen, das Putenschnitzel von beiden Seiten 3 Minuten goldgelb anbraten, herausnehmen und in Alufolie gewickelt warm stellen. Die Schalotten in das Bratfett geben und unter Rühren 4 Minuten anbraten. Mit dem Apfelessig ablöschen. Einen Teller mit der Mandelsauce bestreichen, das Putenschnitzel darauflegen und die Schalotten daneben anrichten.

Putenschnitzel auf buntem Paprikagemüse Foto oben

55 g E, 23 g F, 13 g KH
Zubereitungszeit: 25 Minuten

je 1 kleine rote, grüne und gelbe Paprikaschote (zusammen ca. 400 g)
1 Putenschnitzel (ca. 200 g)
Salz, schwarzer Pfeffer aus der Mühle
1 flacher EL geschälte Sesamsaat (10 g)
1 TL und 1 EL Sesamöl
10 Blätter frisches Basilikum

Die Paprikaschoten waschen, putzen und in Streifen schneiden. Das Putenschnitzel vorsichtig flach drücken und mit Salz und Pfeffer würzen.
Die Sesamsaat in einer beschichteten Pfanne ohne Fett kurz anrösten und beiseitestellen.
1 TL Sesamöl in die heiße Pfanne geben und das Putenschnitzel von beiden Seiten goldgelb braten, herausnehmen und in

Geflügel

Putenschnitzel mit Sahneschmorgurken

51 g E, 29 g F, 6 g KH
Zubereitungszeit: 20 Minuten

1 Salatgurke
3 Stängel Dill
1 Putenschnitzel (ca. 200 g)
Salz, Pfeffer
gemahlener Koriander
1 EL Rapsöl
30 ml Sahne

Die Salatgurke schälen, längs halbieren und mit einem Löffel die Kerne herausschaben. Das Fruchtfleisch in etwa ½ cm breite Ringe schneiden.
Die Dillblättchen von den Stängeln zupfen und fein hacken.
Das Putenschnitzel halbieren und vorsichtig flach drücken. Mit Salz, Pfeffer und gemahlenem Koriander kräftig würzen.
Das Rapsöl in einer beschichteten Pfanne erhitzen und die Putenschnitzel von jeder Seite goldgelb braten, herausnehmen und in Alufolie gewickelt warm stellen.
Die Gurkenstücke in das Bratfett geben und unter ständigem Rühren glasig werden lassen. Zwei Drittel des Dills unterheben und mit Sahne aufgießen.
3 bis 4 Minuten bei schwacher Hitze einkochen lassen und mit Salz und Pfeffer abschmecken.

Alufolie gewickelt, warm stellen.
Den EL Sesamöl mit dem Paprikagemüse in die Pfanne geben. Unter ständigem Rühren bissfest anbraten und mit Salz abschmecken.
Das Paprikagemüse auf einem Teller anrichten, das Putenschnitzel darauflegen und mit Sesamsaat und Basilikum bestreut servieren.

Putenbrust mit Kohlrabipüree

52 g E, 26 g F, 15 g KH
Zubereitungszeit: 25 Minuten

1 Kohlrabi (ca. 350 g)
100 ml Geflügelfond (aus dem Glas oder instant)
1 Putenbrustfilet (ca. 180 g)
Salz, Pfeffer
1 EL Rapsöl
1 EL Butter
2 EL Crème fraîche
frisch geriebene Muskatnuss
1 EL fein gehackte Petersilie

Den Kohlrabi schälen und in Streifen schneiden. Die Kohlrabiblätter waschen und grob hacken. Im Geflügelfond ca. 15 Minuten dünsten, bis das Gemüse weich ist. Öfter umrühren und eventuell etwas Wasser oder Geflügelfond nachgießen.
In der Zwischenzeit das Putenbrustfilet leicht flach drücken, salzen und pfeffern. Das Rapsöl in einer beschichteten Pfanne erhitzen und das Fleisch von beiden Seiten goldgelb anbraten. In Alufolie gewickelt, warm stellen.
Das Kohlrabigemüse mit dem Pürierstab fein pürieren. Die Butter und das Crème fraîche einrühren und mit Salz, Pfeffer und Muskatnuss abschmecken.
Das Püree auf einen Teller streichen, das Putenschnitzel darauflegen und mit Petersilie bestreut servieren.

Entenkeule aus dem Ofen mit Paprikagemüse

37 g E, 33 g F, 14 g KH
Zubereitungszeit: 60 Minuten

1 weibliche Entenkeule (ca. 250 g)
1 kleine rote Zwiebel
1 rote Paprikaschote
1 Knoblauchzehe
1 TL Honig
1 EL Zitronensaft
Salz, Pfeffer aus der Mühle
1 EL klein gehackter Rosmarin

Die Entenkeule mit der Haut nach oben in eine feuerfeste Form legen und etwas Wasser angießen. Den Backofen auf 180 °C vorheizen und die Entenkeule 20 Minuten braten.
In der Zwischenzeit die Zwiebel abziehen und längs in Spalten schneiden. Die Paprikaschote waschen, putzen und in schmale Streifen schneiden.
Den Knoblauch abziehen und durch eine Knoblauchpresse drücken. Mit Honig, Zitronensaft, Salz und Pfeffer vermischen und die Entenkeule mit der Hälfte dieser Marinade nach 20 Minuten Bratzeit bepinseln. Das Gemüse rundherum verteilen, salzen, mit frisch gemahlenem Pfeffer würzen und mit Rosmarin bestreuen. Nach Bedarf noch ein wenig Wasser angießen und weitere 20 Minuten schmoren lassen. Die Entenkeule mit der restlichen Marinade bepinseln und weiterbraten, bis sie schön knusprig und das Gemüse weich ist.

Geflügel

Wasabi-Hähnchenkeulen auf Fenchel

33 g E, 34 g F, 9 g KH
Zubereitungszeit: 40 Minuten

½ unbehandelte Limette
1–2 TL Wasabi-Paste (aus der Tube)
2 EL Sojasoße
1 TL Zucker, Salz, 2 EL Olivenöl
3 Hähnchenunterschenkel
1 mittelgroße rote Zwiebel
1 Fenchelknolle (ca. 200 g)
1 TL Fenchelsamen
Pfeffer

Die Limette waschen und 1 TL Schale fein abreiben, den Saft auspressen. Schale, Saft, Wasabi-Paste, Sojasoße, Zucker, Salz und 1 EL Olivenöl in einer Schüssel zu einer glatten Sauce verrühren. Die Hähnchenkeulen darin wenden, sodass sie rundherum mit der Sauce bedeckt sind. Den Backofen auf 180 °C vorheizen. Die Zwiebel abziehen und in feine Ringe schneiden. Den Fenchel waschen, eventuell dünn abschälen, halbieren und längs in 1 cm dicke Scheiben schneiden. Das Fenchelgrün fein hacken.
Fenchelscheiben, Zwiebel, Fenchelsamen und Fenchelgrün vermischen und in eine ofenfeste Form geben. Mit dem restlichen Olivenöl beträufeln.
Die Hähnchenkeulen auf das Gemüse legen und die restliche Sauce aus der Schüssel darüberlöffeln.
Im vorgeheizten Backofen etwa 30 Minuten braten, bis die Keulen schön gebräunt sind. Dabei ab und zu wenden.

Putenröllchen mit Lauch

20 g E, 34 g F, 17 g KH
Zubereitungszeit: 15 Minuten

1 Knoblauchzehe
1 Bund Frühlingszwiebeln
5 Stängel frisches Basilikum
1 TL Olivenöl
1 Pck. passierte Tomaten (500 g)
Salz, Pfeffer
1 Kugel Mozzarella (125 g Abtropfgewicht)
1 EL Sahne

Knoblauchzehe und Frühlingszwiebeln abziehen und in feine Scheiben schneiden. Das Basilikum waschen, gut trocken schütteln und in Streifen schneiden. Nach Belieben 2 bis 3 Blätter zur Dekoration ganz lassen.
Das Olivenöl in einem Topf erhitzen und Knoblauch und Frühlingszwiebeln anschwitzen. Mit den passierten Tomaten aufgießen und bei schwacher Hitze 3 Minuten köcheln lassen. Mit Salz und Pfeffer abschmecken. Eventuell die Suppe mit etwas Wasser oder Brühe verdünnen.
Den Mozzarella gut abtropfen lassen, in etwa 1 cm große Würfel schneiden und zusammen mit dem Basilikum in die Suppe geben und kurz erwärmen. Zum Anrichten die Suppe in einen tiefen Teller geben, die Sahne in die Mitte setzen und mit einem Zahnstocher leicht verrühren.

Hähnchenbrust mit Pfifferlingen

63 g EW, 26 g F, 2 g KH
Zubereitungszeit: 20 Minuten

400 g frische Pfifferlinge
1 Hähnchenbrustfilet (ca. 200 g)
Salz, Pfeffer
1 EL Olivenöl
15 g Butter
25 g gewürfelter Schinken
3 EL fein gehackte Petersilie

Die Pfifferlinge mit einer weichen Bürste vorsichtig putzen. Größere Pilze halbieren oder vierteln. Das Hähnchenbrustfilet quer durchschneiden und die beiden Schnitzel vorsichtig flach drücken, anschließend salzen und pfeffern.
Das Olivenöl in einer Pfanne erhitzen und die Hähnchenschnitzel von beiden Seiten goldgelb braten. In Alufolie gewickelt, warm stellen.
Die Butter in einer großen Pfanne erhitzen, die Schinkenwürfel, 2 EL gehackte Petersilie dazugeben und kurz andünsten. Die Pfifferlinge in die Pfanne geben und bei starker Hitze unter Rühren anbraten, bis sie Wasser ziehen. Mit Salz und Pfeffer abschmecken.
Hähnchenschnitzel und Pfifferlinge anrichten und mit der restlichen Petersilie bestreut servieren.

Info: Pfifferlingsaison ist von Juni bis November. Aber auch außerhalb der Saison gibt es sie getrocknet (ca. 1 Stunde einweichen lassen) oder im Glas. Frische Pilze sind natürlich aromatischer. Sie sollten die gleiche Größe haben und trocken sein. Kaufen Sie Pfifferlinge am besten in Spankörben oder Papiertüten. In Plastiktüten schwitzen sie und verderben schnell.

Geflügel

Hähnchenkeule auf Champignons

44 g E, 39 g F, 2 g KH
Zubereitungszeit: 40 Minuten

Salz, 1 TL Pfefferkörner
1 Gewürznelke
1 Lorbeerblatt
1 Hähnchenkeule (Ober- und Unterschenkel)
250 g braune Champignons
15 g Butter
2 EL weißer Balsamessig
Pfeffer
1 EL gehackte Thymianblättchen
1 TL fein gehackter Rosmarin

Einen Topf mit drei Finger breit Wasser füllen. Dieses mit Salz, Pfefferkörnern, Gewürznelke und Lorbeerblatt aufkochen. Die Hähnchenkeule hineinlegen und zugedeckt bei mittlerer Hitze 15 Minuten garen, dann wenden und weitere 15 Minuten köcheln lassen.
In der Zwischenzeit die Champignons vorsichtig mit Küchenpapier abreiben, die braunen Füßchen abschneiden und die Pilze in Scheiben schneiden.
Die Butter in einer Pfanne stark erhitzen und die Champignons etwa 1 Minute lang kräftig anbraten. Mit dem Balsamessig ablöschen und mit Salz und Pfeffer abschmecken.
Die Hähnchenkeule aus der Brühe nehmen und warm stellen. Die Gewürze mit einem Schaumlöffel aus der Brühe fischen, die gebratenen Champignons sowie Thymian und Rosmarin dazugeben. Die Hähnchenkeule obendrauf legen und noch 5 Minuten zugedeckt bei schwacher Hitze durchziehen lassen.

Hähnchenbrust mit Sahne-Senf-Champignons Foto oben

55 g E, 28 g F, 6 g KH
Zubereitungszeit: 25 Minuten

1 Hähnchenbrust (ca. 180 g)
1 TL Rapsöl
Salz, Pfeffer
200 g weiße oder braune Champignons
1 großer EL Senf
80 ml saure Sahne
etwas Zitronensaft
15 g Butter
1 EL gehackte Petersilie

Die Hähnchenbrust rundherum salzen und pfeffern. Das Rapsöl in einer kleinen Pfanne mit Deckel erhitzen und das Fleisch von allen Seiten scharf anbraten. Mit etwa 100 ml Wasser ablöschen und bei reduzierter Hitze 15 Minuten dünsten. Wenn der Saft zu stark einkocht, etwas nachgießen. In der Zwischenzeit die Champignons mit Küchenpapier vorsichtig abreiben, eventuell die braunen Füßchen abschneiden. In dünne Scheiben schneiden. Den Senf mit der sauren Sahne verrühren und mit Salz, Pfeffer und Zitronensaft abschmecken.

Geflügel

Gefüllte Hähnchenbrust

56 g E, 25 g F, 12 g KH
Zubereitungszeit: 15 Minuten Vorbereitungszeit, 50–60 Minuten Garzeit, zuzüglich ca. 3 Stunden Auftauzeit

50 g tiefgekühlter Blattspinat
1 Hähnchenbrustfilet (ca. 180 g)
Salz, Pfeffer
30 g Feta
1 Fleischtomate (ca. 200 g)
1 kleiner Zucchino (ca. 250 g)
5 schwarze entsteinte Oliven
1 Zweig Rosmarin
1 EL Olivenöl

Den Backofen auf 180 °C vorheizen. In den dickeren Teil des Hähnchenbrustfilets mit einem scharfen Messer eine tiefe Tasche schneiden. Innen und außen mit Salz und Pfeffer würzen. Den Feta würfeln, den Spinat gut ausdrücken. Beides in die Hähnchenbrust füllen und die Öffnung mit Zahnstochern fixieren.
Die Fleischtomate und den Zucchino waschen, Stielansätze entfernen und beides in Scheiben schneiden. Eine feuerfeste Form dünn mit Olivenöl einpinseln. Die Hähnchenbrust mit der Naht nach unten hineinlegen und das Gemüse, die Oliven und den Rosmarinzweig rundherum verteilen. Mit dem restlichen Olivenöl beträufeln.
Im vorgeheizten Backofen für 50 bis 60 Minuten braten, bis die Hähnchenbrust schön goldgelb ist.

Die Butter in einer größeren Pfanne stark erhitzen, die Champignons und zwei Drittel der Petersilie hineingeben und unter Rühren 2 Minuten braten, bis die Pilze anfangen, Wasser zu ziehen.
Mit dem Bratensaft ablöschen, das Hähnchen vom Herd nehmen. Die Sahne-Senf-Mischung in die Champignons einrühren. Die Hähnchenbrust in Scheiben schneiden, auf einem Teller anrichten, mit den Sahne-Senf-Champignons bedecken und mit der restlichen Petersilie bestreut servieren.

Marinierte Hähnchenkeulen mit Salat Foto rechts

39 g E, 34 g F, 10 g KH
Zubereitungszeit: 45 Minuten, zuzüglich 1 Stunde Marinierzeit

- 2 Knoblauchzehen
- 2 EL Tomatenmark
- ½ TL getrocknete und zerstoßene Chilischoten (oder Cayennepfeffer)
- 2 EL Zitronensaft
- 1 EL Honig
- 2 EL Olivenöl
- 3 Hähnchenkeulen (nur Unterschenkel)
- 1 Bund Frühlingszwiebeln
- 50 g Eisbergsalat
- 100 g Salatgurke
- 1 Tomate
- 2 EL Apfelessig
- Salz, Pfeffer

Die Knoblauchzehen abziehen und durch eine Knoblauchpresse pressen. Mit Tomatenmark, Chili, Zitronensaft, Honig und 1 EL Olivenöl verrühren. Die Hähnchenkeulen dünn mit der Marinade bestreichen und zugedeckt 1 Stunde ziehen lassen. Den Backofen auf 180 °C vorheizen. Die Hähnchenkeulen in einer feuerfesten Form oder auf einem mit Alufolie aus-

Geflügel

gelegten Backblech 30 Minuten im Ofen braten, bis sie schön kross sind. Dabei 2- bis 3-mal wenden. In der Zwischenzeit für den Salat die Frühlingszwiebeln waschen, abziehen und in dünne Ringe schneiden. Die Salatblätter waschen und gut trocken schütteln. Etwa 10 cm von einer Salatgurke waschen, vierteln und in Scheiben schneiden, die Tomate waschen und achteln.

Aus Apfelessig, Salz, Pfeffer und dem restlichen Olivenöl eine Marinade bereiten und die Salatzutaten einzeln darin wenden. Auf einem Teller anrichten und die Hähnchenkeulen dazulegen. Die restliche Marinade als Sauce getrennt dazureichen.

Hähnchenbrust im Speckmantel

Foto unten

50 g E, 29 g F, 10 g KH
Zubereitungszeit: 30 Minuten

75 g grüne Bohnen
Salz
100 g Cocktailtomaten
5 schwarze entsteinte Oliven
1 Knoblauchzehe
2 getrocknete Tomaten
1 TL fein gehackter Rosmarin
Pfeffer
1 Hähnchenbrustfilet (ca. 180 g)
2 Scheiben Frühstücksspeck
1 EL Olivenöl
50 ml Geflügelfond (aus dem Glas oder Geflügelbrühe (instant)

Die Bohnen putzen und in Salzwasser 15 Minuten bissfest garen. Die Tomaten waschen und vierteln. Die Oliven in Ringe schneiden. Den Backofen auf 180° vorheizen. Die Knoblauchzehe abziehen und fein hacken. Die getrockneten Tomaten klein würfeln, mit Knoblauch, Rosmarin, Salz und Pfeffer vermischen und das Hähnchenbrustfilet darin wälzen.
Die Speckscheiben nebeneinander auslegen und das Fleisch schräg darin einwickeln, sodass die Oberfläche bedeckt ist und die Gewürze nicht herausfallen können. Mit zwei Zahnstochern fixieren. Das Olivenöl in einer ofenfesten Pfanne erhitzen, die Hähnchenbrust von beiden Seiten scharf anbraten, herausnehmen und beiseite stellen. Bohnen, Tomaten und Oliven in die Pfanne geben und etwa 2 Minuten andünsten.
Mit dem Fond oder der Brühe ablöschen und mit Salz und Pfeffer abschmecken. Die Hähnchenbrust wieder in die Pfanne geben und im vorgeheizten Backofen 20 Minuten fertiggaren.

Geflügel

Hähnchennuggets mit Curry-Minze-Gurken

48 g E, 30 g F, 11 g KH
Zubereitungszeit: 25 Minuten

1 Hähnchenbrust (ca. 180 g)
1 Bund Frühlingszwiebeln
1 Salatgurke (250 g vorbereitet gewogen)
3 Stängel frische Minze
1 EL Rapsöl
1 EL Currypulver
1 kleine Dose Kokosmilch (160 ml)
Salz, Pfeffer
30 g Crème fraîche

Die Hähnchenbrust in mundgerechte Stücke schneiden. Die Frühlingszwiebeln abziehen und in Ringe schneiden. Dabei viel vom dunkelgrünen Teil verwenden. Die Salatgurke schälen, längs halbieren und mit einem Teelöffel die Kerne herausschaben. In Scheiben schneiden. Die Minze waschen, gut trocken schütteln und die Blätter von den Stielen zupfen. In sehr feine Streifen schneiden. Einige Blätter zur Dekoration beiseitelegen.
Das Rapsöl in einer tiefen Pfanne erhitzen und die Nuggets zusammen mit den Frühlingszwiebeln kurz scharf anbraten. Mit dem Currypulver bestäuben und kurz mitrösten. Die Gurken dazugeben und unter Rühren 1 Minute braten.
Die Kokosmilch angießen und bei schwacher Hitze für 6 bis 7 Minuten köcheln lassen, bis eine sämige Sauce entstanden ist. Kurz vor Ende der Kochzeit die Minze dazugeben. Vorsichtig mit Salz abschmecken (das Curry bringt schon viel Würze mit) und die Crème fraîche unterziehen. Mit den übrigen Minzeblättchen dekoriert servieren.

Fleisch

Von Wiese und Wald

Im Rahmen der 2-Tage-Diät sind große Fleischportionen erlaubt, denn sie gewährleisten die nötige Versorgung mit Proteinen. Tierisches Eiweiß gilt als besonders wertvoll, weil es vom Körper am besten aufgenommen und weiterverarbeitet werden kann. Sie müssen nicht befürchten, dass sich bei nur einer Mahlzeit pro Tag der Fleischverzehr gleich negativ auf Ihre Gesundheit auswirkt – ganz im Gegenteil. Bei den Rezepten haben wir darauf geachtet, dass Sie mit dem erwünschten Eiweiß nicht noch zusätzlich unnötig viel Fett zu sich nehmen. Deshalb finden bei den Zutaten stets die fettarmen Teile von Schwein, Rind und Co. Verwendung.

Auch Kaninchen und Lamm sind mittlerweile in vielen Supermärkten erhältlich. Sie sind eine wertvolle Bereicherung für den Speiseplan, denn sie enthalten viel Eiweiß und sind so fettarm wie Geflügel.

Wild könnte ebenfalls ruhig öfter auf den Tisch. Es ist zwar immer noch relativ teuer, aber bei zwei Diättagen pro Woche sparen Sie nicht nur Kalorien, sondern auch die Kosten für vier Mahlzeiten ein.

Eiweiß-, Fett- und Kohlenhydratgehalt pro 100 g

	E	F	KH
Schweinefilet	22	2	0
Schweineschnitzel	22	2	0
Rinderfilet	22	4	0
Rumpsteak	22	5	0
Rehfilet	22	4	0
Kalbsschnitzel	21	2	0
Kaninchen	21	2	0
Hirschmedaillon	21	3	0
Lammfilet	20	3	0
Kalbsleber	19	4	4

Schweinemedaillons mit Pilzen und Oliven

Foto unten

52 g E, 32 g F, 3 g KH
Zubereitungszeit: 20 Minuten

3–4 Schweinefiletmedaillons (ca. 200 g)
Salz, Pfeffer
150 g Champignons
4 schwarze entsteinte Oliven
1 EL Olivenöl
15 g Butter
1 EL gehacktes Basilikum

Die Schweinefiletmedaillons, wenn nötig, vorsichtig flach drücken, sodass sie gleich dick sind. Dann salzen und pfeffern.
Die Champignons mit Küchenpapier abreiben, die braunen Füßchen eventuell entfernen. Größere Pilze vierteln, kleinere halbieren. Die Oliven in Scheiben schneiden.
Das Olivenöl in einer beschichteten Pfanne erhitzen und die Medaillons von beiden Seiten je nach Dicke 2 bis 3 Minuten goldbraun anbraten. Anschließend herausnehmen und auf einem vorgewärmten Teller anrichten.
Die Butter in das Bratfett geben, stark erhitzen und die Champignons unter Rühren 1 Minute anbraten. Zum Fleisch geben und mit den Olivenscheiben und dem gehackten Basilikum bestreut servieren.

Fleisch

Schweinefilets mit Sellerie und Nüssen

51 g E, 29 g F, 9 g KH
Zubereitungszeit: 25 Minuten

3–4 Stängel Staudensellerie (ca. 250 g)
100 ml Gemüsebrühe (instant)
25 g Walnusskerne
3–4 Scheiben Schweinefilet (ca. 200 g)
Salz, Pfeffer
1 EL Olivenöl
1–2 TL Zitronensaft

Die Stängel des Staudenselleries gründlich waschen, putzen und, wenn nötig, dünn abschälen. Etwas vom zarten Grün fein hacken und beiseitelegen. Die Selleriestangen zugedeckt in der Gemüsebrühe etwa 8 bis 10 Minuten dämpfen, bis sie weich sind.
Die Walnusskerne grob hacken. Die Schweinefilets vorsichtig flach drücken, sodass sie gleich dick sind. Dann salzen und pfeffern.
Die Walnusskerne in einer beschichteten Pfanne ohne zusätzliches Fett rösten, bis sie aromatisch duften.
Das Olivenöl in der Pfanne erhitzen und die Schweinefilets von jeder Seite 2 bis 3 Minuten goldbraun anbraten. Mit ein wenig Wasser ablöschen und den Bratensaft einkochen lassen.
Das Selleriegemüse mit Salz, Pfeffer und Zitronensaft abschmecken und das Selleriegrün unterrühren. Auf einem Teller anrichten, die Filets darauflegen und mit den gerösteten Walnusskernen bestreut servieren.

Fleisch

Hackfleischbällchen in Tomatensauce

Foto links

46 g E, 28 g F, 16 g KH
Zubereitungszeit: 25 Minuten

1 kleine Zwiebel
1 Knoblauchzehe
20 g getrocknete Tomaten
150 g Rinderhack vom Filet
1 TL Paprikapulver edelsüß oder rosenscharf, je nach Geschmack
Salz, Pfeffer
1 EL gemahlene Mandeln
1 Ei, Größe M
1 EL Olivenöl
250 ml passierte Tomaten
1–2 EL Balsamessig
1 EL fein gehackter Dill

Die Zwiebel abziehen und sehr fein hacken. Die Knoblauchzehe abziehen und durch eine Knoblauchpresse drücken. Die getrockneten Tomaten in sehr kleine Würfelchen schneiden. Alle Zutaten mit Rinderhack, Paprikapulver, Salz, Pfeffer, gemahlenen Mandeln und Ei zu einem geschmeidigen Teig verkneten. Mit feuchten Händen 10 walnussgroße Bällchen formen.
Das Olivenöl in einer tiefen beschichteten Pfanne erhitzen und die Bällchen rundherum bei schwacher Hitze in 5 bis 6 Minuten goldbraun anbraten. Herausnehmen und beiseitestellen.
Die passierten Tomaten in das Bratfett gießen und aufkochen lassen. Mit Salz, Pfeffer und Balsamessig abschmecken. Die Bällchen in die Tomatensauce geben und für 2 Minuten bei schwacher Hitze ziehen lassen. Mit Dill bestreut servieren.

Schweineschnitzel mit Pesto

44 g E, 34 g F, 4 g KH
Zubereitungszeit: 15 Minuten

1 mittelgroße Tomate
2 Scheiben Frühstücksspeck
1 Schweineschnitzel (ca. 180 g)
Salz, Pfeffer
1 EL Olivenöl
2 EL Pesto (aus dem Glas)

Die Tomate waschen, halbieren und die Stielansätze herausschneiden. Das Fruchtfleisch würfeln. Die Frühstücksspeckscheiben mit einem scharfen Messer klein würfeln.
Das Schweineschnitzel vorsichtig flach drücken, anschließend salzen und pfeffern.

Das Olivenöl in einer beschichteten Pfanne erhitzen und das Schnitzel von beiden Seiten etwa 3 Minuten anbraten, bis es schön hellbraun ist. Herausnehmen und auf einem Teller warm halten.
Die Speckwürfel in die Pfanne geben und so lange rühren, bis sie knusprig sind. Die Tomaten dazugeben und unter ständigem Rühren zu einem leichten Mus einkochen lassen. Das Pesto locker unterheben. Dann die Sauce über das Schnitzel gießen.

Variante: Sie können statt des Schweineschnitzels auch ein etwa 180 g schweres Putenschnitzel oder ein 160 g schweres Rindersteak nehmen. Sie entsprechen ebenfalls den geforderten 500 Kalorien.

Schweineschnitzel mit Roquefort

47 g E, 32 g F, 5 g KH
Zubereitungszeit: 20 Minuten, zuzüglich ca. 3 Stunden Auftauzeit für den Spinat

1 kleine Zwiebel
1 Knoblauchzehe
2 TL Rapsöl
200 g Blattspinat (TK)
40 g Roquefort
20 g Crème fraîche
1 Schweineschnitzel (ca. 150 g)
Salz, Pfeffer

Zwiebel und Knoblauchzehe abziehen und klein würfeln. 1 TL Rapsöl in einem kleinen Topf erhitzen und Zwiebel und Knoblauch darin anschwitzen. Den Spinat dazugeben und erhitzen. Warm halten.
Den Käse mit einer Gabel zerdrücken und mit der Crème fraîche glatt rühren.
Das Schnitzel salzen und pfeffern. Den restlichen TL Rapsöl in einer beschichteten Pfanne erhitzen und das Schnitzel von beiden Seiten 3 Minuten anbraten. Herausnehmen und den Bratensatz mit ein wenig Wasser ablöschen. Die Pfanne vom Herd nehmen und die Roquefort-Creme einrühren.
Das Schnitzel auf einem Teller anrichten, mit der Sauce bedecken und den Spinat dazureichen.

Fleisch

Schweinefilets mit glasierten Radieschen

50 g E, 29 g F, 12 g KH
Zubereitungszeit: 25 Minuten

3–4 Scheiben Schweinefilet (ca. 200 g)
Salz, Pfeffer
250 g Radieschen mit Blättern
1 EL Kürbiskerne
1 EL Rapsöl
1 EL Butter
1 kleiner TL Zucker
75 ml Gemüsebrühe (instant)
Salz, Pfeffer
1 TL Zitronensaft

Die Schweinefiletmedaillons vorsichtig mit dem Handballen flach drücken, sodass sie gleich dick sind. Anschließend salzen und pfeffern. Die Radieschen waschen und putzen. Etwa die Hälfte der Blätter aufheben. Die Radieschen je nach Größe halbieren oder vierteln.

Die Kürbiskerne in einer beschichteten Pfanne ohne Fett rösten. Dann das Rapsöl in die Pfanne geben und die Schweinefiletmedaillons von beiden Seiten in 2 bis 3 Minuten goldbraun anbraten. Herausnehmen und in Alufolie gewickelt warm stellen. Dabei können sie noch nachziehen und bleiben innen schön rosa.
Die Butter in einem Topf zergehen lassen, den Zucker einrühren und flüssig werden lassen. Die Radieschen dazugeben und 3 bis 4 Minuten bei starker Hitze rühren, bis sie Farbe angenommen haben. Die Radieschenblätter untermischen und zusammenfallen lassen. Die Gemüsebrühe angießen und zugedeckt 3 Minuten dünsten. Anschließend die Flüssigkeit einkochen lassen, bis sie cremig ist. Mit Salz, Pfeffer und Zitronensaft abschmecken.

Hackfleisch-Gemüse-Ragout

49 g E, 25 g F, 19 g KH
Zubereitungszeit: 25 Minuten

1 kleine Zwiebel
1 Knoblauchzehe
1 rote Paprikaschote (ca. 150 g)
1 kleiner Kohlrabi (ca. 150 g)
3 Tomaten (ca. 250 g)
1 EL Olivenöl
150 g Rinderhackfleisch vom Filet
Salz, Pfeffer
je 1 TL getrockneter Majoran und Oregano
50 g Mozzarella

Zwiebel und Knoblauchzehe abziehen und fein hacken. Die Paprikaschote waschen, putzen und in Rauten schneiden. Den Kohlrabi schälen und in feine Stifte schneiden. Die Tomaten heiß überbrühen, abziehen, halbieren, die Stielansätze herausschneiden und entkernen. Das Fruchtfleisch würfeln.
Das Olivenöl in einer Pfanne gut erhitzen. Das Hackfleisch hineingeben, mit dem Kochlöffel zerteilen und unter Wenden anbraten, bis der Saft verdampft und das Fleisch krümelig ist und es beginnt, braun zu werden. Zwiebel und Knoblauch dazugeben und kurz mitbraten. Das Gemüse unterheben und mit Salz, Pfeffer, Majoran und Oregano kräftig würzen. Zugedeckt 6 bis 7 Minuten dünsten.
Den Mozzarella in Würfel schneiden, unterheben und kurz im Ragout erwärmen.

Fleisch

Schweinefilets mit Tomaten-Kapern-Sauce

53 g E, 15 g F, 9 g KH
Zubereitungszeit: 20 Minuten

3–4 Scheiben Schweinefilet (ca. 200 g)
Salz, Pfeffer
1 Bund Frühlingszwiebeln
1 EL Rapsöl
25 g Schinkennuggets
1 EL Tomatenmark
½ Dose stückige Tomaten (200 g)
40 g Kapernäpfel
1 EL gehackte Petersilie

Die Filets, wenn nötig, vorsichtig flach drücken, sodass sie gleich dick sind. Anschließend salzen und pfeffern. Die Frühlingszwiebeln abziehen und in feine Scheiben schneiden.
Das Rapsöl in einer beschichteten Pfanne erhitzen und die Filets, je nach Stärke, 2 bis 3 Minuten goldbraun anbraten. Dann herausnehmen und in Alufolie gewickelt warm stellen.
Die Frühlingszwiebeln und Schinkennuggets unter Rühren im Bratfett anbraten. Das Tomatenmark dazugeben und kurz mitanbraten, damit es sein Aroma entwickeln kann. Die Tomaten aus der Dose einrühren und sämig einkochen lassen. Mit Salz und Pfeffer abschmecken. Die Stiele der Kapernäpfel entfernen, die Früchte halbieren oder vierteln und in der Sauce kurz warm werden lassen.
Die Filets auspacken, auf einem Teller anrichten, mit der Sauce übergießen und mit Petersilie bestreut servieren.

Tipp: Die andere Hälfte der Tomaten aus der Dose können Sie für die Aubergine mit Paprika aus dem Ofen auf Seite 139 verwenden.

Pfeffersteak mit Tomaten-Minze-Salat

Foto rechts

41 g E, 34 g F, 8 g KH
Zubereitungszeit: 20 Minuten

200 g Cocktail-Rispentomaten
2 Zweige frische Minze
1 EL Apfelessig
Salz, schwarzer Pfeffer aus der Mühle
1 EL Olivenöl
1 TL grüner Pfeffer
1 TL Rosa Beeren
25 g Salatmayonnaise (50 % Fett)
2 Filetsteaks (ca. 180 g)
1 TL Rapsöl
etwas grobes Meersalz

Die Rispentomaten waschen und in Spalten schneiden. Die Minzeblättchen von den Stielen zupfen und in Streifen schneiden. Aus Apfelessig, Salz, Pfeffer und Olivenöl eine Marinade anrühren und die Tomaten und die Minze darin zugedeckt ziehen lassen.

In der Zwischenzeit den grünen Pfeffer und die Rosa Beeren in einem Mörser grob zerkleinern. Die Hälfte davon mit der Mayonnaise vermischen.

Die Filetsteaks vorsichtig mit dem Handballen flach drücken, sodass sie gleich dick sind. Eine kleine beschichtete Pfanne mit dem Rapsöl auspinseln, erhitzen und die Steaks von beiden Seiten 2 bis 5 Minuten (je nach Vorliebe »rare«, »medium« oder »well done«) anbraten. Dabei öfter wenden.

Die Steaks auf einen Teller geben und die Mayonnaise daneben anrichten. Mit dem restlichen Gewürz und etwas grobem Meersalz bestreuen. Den Salat getrennt dazureichen.

Hinweis: Rosa Beeren werden gerne mit rotem Pfeffer verwechselt. Die Beeren sehen ähnlich aus, sind aber weicher und haben einen milden, leicht süßlichen Geschmack. Sie sind besonders dekorativ auf Salat, können aber auch Fisch- und Fleischgerichten eine feine Würze geben.

Rumpsteak mit gedünsteten Schalotten

42 g E, 32 g F, 12 g KH
Zubereitungszeit: 30 Minuten

125 g Schalotten
1 Rumpsteak (ca. 170 g)
Salz, Pfeffer
1 EL Rapsöl
1 EL Butter
1 TL Zucker
100 ml Rinderfond (aus dem Glas)
1 EL scharfer Dijonsenf
1 EL Crème fraîche
1 EL gehackte Petersilie

Die Schalotten abziehen und je nach Größe längs vierteln oder achteln. Das Steak salzen und pfeffern.
Das Öl in einer beschichteten Pfanne stark erhitzen und das Steak auf jeder Seite 2 Minuten scharf anbraten. Die Hitze reduzieren und je nach Dicke weitere 2 bis 4 Minuten fertigbraten. Herausnehmen und in Alufolie gewickelt warm stellen. Die Butter in das Bratfett geben und die Schalotten glasig dünsten. Den Zucker darüberstreuen und karamellisieren lassen. Den Fond angießen und bei mittlerer Hitze einkochen lassen, bis eine sämige Sauce entstanden ist. Senf und Crème fraîche einrühren und mit Salz und Pfeffer abschmecken.
Das Rumpsteak in die Sauce legen und zugedeckt bei schwacher Hitze 5 Minuten ziehen lassen. Mit Petersilie bestreut servieren.

Rinderfiletstreifen auf Shiitakepilzen mit Senfsahne

57 g E, 27 g F, 6 g KH
Zubereitungszeit: 25 Minuten

250 g Shiitakepilze
1 Rinderfilet (ca. 200 g)
Salz, Pfeffer
50 ml Sahne
2 EL scharfer Senf
1 EL süßer Senf
2 EL Schnittlauch in Röllchen

Den Backofen auf 200 °C vorheizen. Die Shiitakepilze mit Küchenpapier vorsichtig abreiben und die harten Stiele herausknipsen. Größere Pilze auseinanderbrechen (nicht schneiden!). Die Pilze in einer feuerfesten Form verteilen.
Das Rinderfilet in etwa 1 cm dicke Streifen schneiden, salzen, pfeffern und auf die Pilze legen. Die Sahne mit dem scharfen und süßen Senf verrühren und über das Fleisch gießen.
Im vorgeheizten Backofen 20 Minuten braten und zum Servieren mit Schnittlauch bestreuen.

Rindergeschnetzeltes mit Gemüse

Foto oben

53 g E, 25 g F, 13 g KH
Zubereitungszeit: 25 Minuten

1 Rinderfiletsteak (ca. 200 g)
1 Schalotte
1 rote Paprikaschote
100 g Champignons
1 kleine Lauchstange
2 EL Olivenöl
Salz, Pfeffer
10 Blätter frisches Basilikum

Das Steak in 1 cm breite Streifen schneiden. Die Schalotte abziehen und fein würfeln. Die Paprikaschote waschen, putzen und in Streifen schneiden. Die Champignons mit Küchenpapier vorsichtig abreiben, die Füßchen eventuell abschneiden. Die Champignons je nach Größe vierteln oder achteln. Die Lauchstange putzen, längs aufschlitzen und gründlich waschen. In Streifen schneiden.
Das Olivenöl in einem Wok oder in einer großen Pfanne erhitzen und zuerst die Schalottenwürfel mit den Fleischstreifen scharf anbraten, bis das Fleisch Farbe angenommen hat. Dann herausnehmen und beiseitestellen.
Paprika und Lauch in das Bratfett geben und 3 Minuten unter Rühren anbraten. Dann erst die Champignons dazugeben und eine weitere Minute unter Rühren braten. Das Fleisch wieder dazugeben, alles gut vermischen und noch kurz bei reduzierter Hitze ziehen lassen.
Die Basilikumblätter in Streifen schneiden und darüberstreuen.

Streifen vom Kalbsschnitzel auf Salat

Foto oben

46 g E, 29 g F, 14 g KH
Zubereitungszeit: 20 Minuten

100 g Lollo rosso
100 g Tomate
75 g rote Zwiebel
1 EL Senf

2 EL Aceto balsamico
Salz, Pfeffer
1 EL Olivenöl
1 Kalbsschnitzel (ca. 200 g)
15 g Butter
1 TL Zucker
einige Blätter frisches Basilikum

Fleisch

Streifen schneiden, salzen und pfeffern. Die Butter in einer beschichteten Pfanne erhitzen und die Fleischstreifen nebeneinander hineinlegen. Unter gelegentlichem Rühren 4 Minuten kräftig anbraten. Mit Zucker bestreuen und 1 Minute weiterbraten, damit sie einen glänzenden Überzug erhalten.

Den Salat auf einem Teller anrichten und das Fleisch darauflegen. Den Bratensaft rundherum verteilen und mit den Basilikumblättern dekoriert servieren.

Variante: Wenn Sie mal keine Lust auf Salat haben, können Sie auch Chinakohl verwenden. Der ist ein wunderbarer Begleiter zu den Kalbsschnitzelstreifen. Und so geht es:

1 walnussgroßes Stück Ingwer
200 g Chinakohl (etwa ½ Staude)
100 g Champignons
1 EL Rapsöl
1 TL Sesamsamen

Bereiten Sie zuerst den Salat vor: Die Salatblätter waschen, gut trocken schleudern und in mundgerechte Stücke zupfen. Die Tomate waschen, halbieren, die Stielansätze entfernen und in Spalten schneiden. Die Zwiebel abziehen und in feine Ringe schneiden.

In einer Schüssel den Senf mit Essig, Salz und Pfeffer verrühren und das Olivenöl mit einem Schneebesen einschlagen. Den Salat unterheben.

Das Kalbsschnitzel in etwa 1 cm breite

Den Ingwer schälen und in kleine Würfel schneiden. Den Chinakohl putzen und in Streifen schneiden. Die Champignons mit Küchenpapier abreiben, die braunen Füßchen eventuell abschneiden und die Köpfchen in dünne Scheiben schneiden. Das Rapsöl in einem Wok oder einer beschichteten Pfanne erhitzen, die Ingwerstückchen und die Sesamsamen anschwitzen. Die Champignons dazugeben und unter Rühren anbraten, bis sie Farbe bekommen haben. Den Chinakohl einrühren und mit etwa 100 ml Wasser aufgießen. Offen kochen lassen und gelegentlich umrühren, bis nahezu die gesamte Flüssigkeit verdunstet ist. Zugedeckt warm halten, dann das Kalbsschnitzel wie vorher beschrieben zubereiten.

Kalbsschnitzel im Mandelmantel

50 g E, 27 g F, 11 g KH
Zubereitungszeit: 55 Minuten

1 kleine Salatgurke
1 Knoblauchzehe
Salz
100 ml Joghurt
1 EL Zitronensaft
1 Kalbsschnitzel (ca. 200 g)
Pfeffer
20 g gemahlene Mandeln
1 EL Rapsöl

Die Gurke schälen, längs halbieren und die Kerne mit einem Teelöffel herausschaben. Mit dem Gemüsehobel in dünne Scheibchen schneiden. Die Knoblauchzehe abziehen, durch die Knoblauchpresse direkt zu den Gurken geben. Salzen und zugedeckt eine ½ Stunde ziehen lassen, damit das Wasser austreten kann. Dann die Gurken mit den Händen ausdrücken und mit Joghurt vermischen. Mit Salz, Pfeffer und Zitronensaft abschmecken.
Das Schnitzel vorsichtig auf 1 cm Dicke flach drücken, salzen und pfeffern. Die gemahlenen Mandeln auf einem Teller verteilen und das Schnitzel mit beiden Seiten fest hineindrücken, sodass die Mandeln haften bleiben.
Das Rapsöl in einer beschichteten Pfanne erhitzen und das Schnitzel bei schwacher Hitze von beiden Seiten 2 bis 3 Minuten braten, bis es goldgelb und knusprig ist. Kurz auf Küchenpapier abtropfen lassen und mit dem Gurkensalat servieren.

Kalbsleber mit Granatapfelkernen

Foto rechts

41 g E, 25 g F, 24 g KH
Zubereitungszeit: 25 Minuten

1 Scheibe Kalbsleber (ca. 200 g)
2 Knoblauchzehen
1 mittelgroße Tomate
1 kleine weiße Zwiebel
25 g Granatapfelkerne
20 g Butter
Salz, bunter Pfeffer aus der Mühle
1 EL gehackte Petersilie
1 EL Balsamicocreme

Die Kalbsleber von den Sehnen befreien. Die Knoblauchzehen abziehen und in feine Scheibchen schneiden. Die Tomate waschen, halbieren, die Stielansätze entfernen und in Achtel schneiden. Die Zwiebel abziehen und in dünne Ringe schneiden.
Einen Granatapfel halbieren und 25 g Kerne mit einem Teelöffel auslösen. Dabei den austretenden Saft auffangen. Die restlichen Granatapfelkerne können Sie beispielsweise für einen Salat oder ausge-

pressl für einen leckeren Saft verwenden. Die Butter in einer beschichteten Pfanne mäßig erhitzen und die Kalbsleber von beiden Seiten 3 Minuten anbraten. Die Leber vor dem Braten nicht salzen, weil sie sonst hart wird! Herausnehmen und in Alufolie gewickelt warm halten.
Die Hitze erhöhen und Knoblauch und Zwiebel in der Butter goldbraun anbraten. Tomaten und Granatapfelkerne mit dem Saft dazugeben und unter Rühren 1 Minute schmoren.

Die Leber mit Salz und Pfeffer würzen und mit dem ausgetretenen Bratensaft auf einem Teller anrichten. Das Gemüse daraufgeben, mit Petersilie bestreuen und mit Balsamicocreme beträufelt servieren.

Tipp: Wenn Sie Granatapfel nicht mögen oder keinen bekommen, nehmen Sie stattdessen die gleiche Menge Kapern oder in Ringe geschnittene Kapernäpfel. Die schmecken auch sehr gut dazu.

Lammfilet mit geschmortem Gemüse

Foto oben

50 g E, 26 g F, 17 g KH
Zubereitungszeit: 30 Minuten

150 g grüne Bohnen
Salz
1 große Tomate
1 Zucchino (ca. 200 g)
1 Lammfilet (ca. 200 g)
Salz, Pfeffer
2 EL Olivenöl
1 EL gehackte Petersilie

Die grünen Bohnen putzen, waschen, in etwa 3 cm lange Stücke schneiden und in Salzwasser 10 Minuten bissfest kochen. Durch ein Sieb abgießen und abtropfen lassen.
Den Backofen auf 120 °C vorheizen. In der Zwischenzeit die Tomate waschen, halbieren, die Stielansätze entfernen und in Spalten schneiden. Den Zucchino waschen, putzen und in dicke Scheiben schneiden.
Das Lammfilet rundherum salzen und pfeffern. 1 EL Olivenöl in einer beschichteten Pfanne erhitzen und das Lammfilet von allen Seiten kräftig anbraten. Herausnehmen, in Alufolie wickeln und im vorgeheizten Backofen ruhen lassen.
Das restliche Olivenöl in die Pfanne geben und die Zucchinischeiben unter Rühren anbraten, bis sie Farbe angenommen haben. Tomaten und Bohnen dazugeben und 3 bis 4 Minuten schmoren lassen.
Das Gemüse auf einem Teller anrichten. Das Lammfilet aus der Alufolie wickeln, aufschneiden, auf dem Gemüse anrichten und mit Petersilie bestreut servieren.

Fleisch

Lammfilet im Päckchen

53 g E, 28 g F, 9 g KH
Zubereitungszeit: 25 Minuten

2 getrocknete Tomaten
50 g Schafskäse
½ TL getrocknete Kräuter der Provence
1 Schalotte
1 Knoblauchzehe
1 kleiner Zucchino
1 Lammfilet (Lammlachs; ca. 200 g)
1 EL Olivenöl
Salz, Pfeffer

Den Backofen auf 220 °C vorheizen. Die Tomaten in kleine Würfel schneiden. Den Schafskäse mit einer Gabel zerdrücken und mit Tomaten und Kräutern verkneten. Die Schalotte und die Knoblauchzehe abziehen und in dünne Scheiben schneiden. Den Zucchino waschen, putzen und würfeln. Das Fleisch in Würfel schneiden und in einer Schüssel mit Olivenöl, Schalotte, Knoblauch und Zucchiniwürfeln vermischen, mit Salz und Pfeffer würzen. Ein Stück Alufolie doppelt falten und an den Seiten hochschlagen. Die Fleisch-Gemüse-Mischung daraufgeben und den gewürzten Schafskäse darüberkrümeln. 2 EL Wasser dazugeben (wichtig für die Dampfentwicklung). Die Alufolie so zusammenfalten, dass ein kompaktes Päckchen entsteht. Im vorgeheizten Backofen 30 Minuten garen und das Lammfilet im Päckchen servieren.

Lammfilet mit Thymianpesto

39 g E, 34 g F, 10 g KH
Zubereitungszeit: 20 Minuten

Für das Pesto:
1 EL fein gehackte Petersilie
½ EL fein gehackte Thymianblättchen
1 EL fein geraspelter Parmesan
1 TL Olivenöl, etwas weißer Balsamessig
Salz, Pfeffer

Für das Lammfilet:
1 Fleischtomate
1 kleine rote Zwiebel
2 EL Olivenöl, etwas grobes Meersalz
schwarzer Pfeffer aus der Mühle
1 Knoblauchzehe
1 Lammfilet (ca. 180 g)

Für das Pesto alle Zutaten miteinander verrühren und mit Salz und Pfeffer abschmecken. Für das Lammfilet die Tomate waschen, halbieren, die Stielansätze entfernen und in Scheiben schneiden. Auf einem Teller ausbreiten. Die Zwiebel abziehen, in Ringe schneiden und auf den Tomaten verteilen. Mit 1 EL Olivenöl beträufeln, mit Meersalz und frisch gemahlenem Pfeffer würzen.
Die Knoblauchzehe abziehen und in Scheiben schneiden. Das restliche Olivenöl in einer beschichteten Pfanne erhitzen und das Lammfilet mit den Knoblauchscheiben bei mittlerer Hitze auf jeder Seite 3 Minuten braten.
Herausnehmen, salzen, pfeffern und mit etwas Pesto bestreichen. Zugedeckt ein paar Minuten ruhen lassen, dann schräg in Scheiben schneiden und auf den Tomaten und Zwiebeln anrichten. Mit dem restlichen Pesto beträufelt servieren.

Kaninchen mit Pfifferlingen

48 g E, 33 g F, 3 g KH
Zubereitungszeit: 25 Minuten

1 Kaninchenfilet (ca. 200 g)
Salz, Pfeffer
1 TL Rapsöl
250 g frische Pfifferlinge
1 Schalotte
15 g Butter
1 EL fein gehackte Thymianblättchen
2 EL weißer Balsamessig
etwas grobes Meersalz

Das Kaninchenfilet rundherum salzen und pfeffern. Eine größere beschichtete Pfanne (die Pilze sollen nachher darin Platz haben) mit dem Rapsöl auspinseln und das Filet auf jeder Seite 3 Minuten goldgelb braten. Herausnehmen und in Alufolie gewickelt warm stellen.
Die Pfifferlinge putzen (siehe Tipp Seite 34), größere Pilze halbieren. Die Schalotte abziehen und klein würfeln. Die Butter in die Pfanne geben und erhitzen. Die Pfifferlinge 1 bis 2 Minuten unter ständigem Rühren anbraten. Die Thymianblättchen unterrühren und mit dem Balsamessig ablöschen.
Zum Anrichten die Pfifferlinge auf einen Teller geben. Das Kaninchenfilet schräg in Scheiben schneiden und auf den Pilzen anrichten. Mit grobem Meersalz bestreut servieren.

Kaninchenkeule auf Roter Bete

Foto rechts

43 g E, 35 g F, 4 g KH
Zubereitungszeit: Vorbereitungszeit 10 Minuten, Schmorzeit 60 Minuten

1 kleine Kaninchenkeule (ca. 250 g), ersatzweise 2 Kaninchenvorderläufe
Salz, Pfeffer
20 g Butter
1 kleine gekochte Rote Bete (ca. 75 g)
1 EL weißer Balsamessig
½ TL gehackter Kümmel
5 eingelegte grüne Oliven

Die Kaninchenkeule rundherum salzen und pfeffern. Die Butter in einem beschichteten Topf mit Deckel zergehen lassen und das Fleisch von allen Seiten bei schwacher Hitze goldgelb braten. 100 ml Wasser angießen und zugedeckt 60 Minuten schmoren lassen. Dabei öfter den Flüssigkeitsstand kontrollieren und eventuell etwas Wasser nachgießen.
Kurz vor Ende der Schmorzeit die Rote Bete in Scheiben schneiden, Wasser in einem Topf zum Kochen bringen, einen Dampfeinsatz hineinstellen und die Rote Bete darauflegen. Etwa 5 Minuten über Dampf erwärmen und anschließend auf einem Teller anrichten. Mit Balsamessig beträufeln und mit dem gehackten Kümmel bestreuen. Die Kaninchenkeule aus dem Topf nehmen und kurz warm stellen. Den Bratensatz mit etwas Wasser aufkochen, mit Salz und Pfeffer abschmecken und zu einer sirupartigen Konsistenz einkochen lassen. Zum Anrichten das Kaninchen auf die Rote Bete legen, die Sauce darüberträufeln und mit den grünen Oliven dekorieren.

Rehfilet mit Rosenkohl

Foto oben

54 g E, 28 g F, 7 g KH
Zubereitungszeit: 35 Minuten

1 Rehfilet (ca. 200 g)
Salz, Pfeffer
1 EL Rapsöl
200 g Rosenkohl
15 g Butter
bunter Pfeffer aus der Mühle
etwas grobes Meersalz

Den Backofen auf 120 °C vorheizen. Das Rehfilet von den Sehnen befreien und rundherum salzen und pfeffern. Das Rapsöl in einer ofenfesten Pfanne erhitzen und das Rehfilet von allen Seiten bei mittlerer Hitze anbraten. Dann in Alufolie wickeln und für 20 Minuten in den vorgeheizten Backofen stellen. In der Zwischenzeit den Rosenkohl putzen. Größere Röschen halbieren. In reichlich Salzwasser in 12 bis 15 Minuten bissfest kochen.

Fleisch

Rehmedaillons mit Chinakohl

52 g E, 30 g F, 7 g KH
Zubereitungszeit: 25 Minuten

2 Rehmedaillons (zusammen ca. 200 g)
Salz, Pfeffer
10 g Butter
2 Schalotten
½ kleiner Chinakohl (ca. 250 g geputzt gewogen)
15 g gehackte Walnusskerne
1 TL Rapsöl
100 ml Gemüsebrühe (instant)

Den Backofen auf 100 °C vorheizen. Die Rehmedaillons salzen und pfeffern. Die Butter in einer beschichteten Pfanne zergehen lassen und die Medaillons bei schwacher Hitze von beiden Seiten goldgelb braten. Herausnehmen und in Alufolie gewickelt im Backofen für 15 Minuten ruhen lassen.
In der Zwischenzeit die Schalotten abziehen und klein würfeln. Die äußeren Blätter des Chinakohls entfernen, halbieren und den Strunk herausschneiden. Grob hacken. Die Walnusskerne in einer großen beschichteten Pfanne (der Chinakohl soll nachher darin Platz haben) ohne Fett rösten. Herausnehmen und beiseitestellen. Das Rapsöl in die Pfanne geben und die Schalotten andünsten. Chinakohl und Brühe dazugeben und offen für etwa 10 Minuten dünsten, bis die Flüssigkeit nahezu verdampft und der Chinakohl schön weich ist.
Den Chinakohl auf einem vorgewärmten Teller anrichten, die Rehmedaillons auspacken, danebenlegen und mit den Walnüssen bestreut servieren.

Für die Sauce den Bratensatz mit etwas Wasser aufkochen und die eiskalte Butter nach und nach in Flöckchen mit dem Schneebesen unterschlagen.
Das Rehfilet mit frisch gemahlenem bunten Pfeffer überstreuen, aufschneiden und mit der Sauce übergießen. Den Rosenkohl daneben anrichten und mit etwas grobem Meersalz würzen.

Hirschsteak mit Kräuterkruste und Rucolasalat

42 g E, 35 g F, 5 g KH
Zubereitungszeit: 30 Minuten

15 g fein geraspelter Parmesan
1 EL frisch gehackte Kräuter (z. B. Estragon, Majoran und Petersilie)
1 EL Olivenöl
Salz, Pfeffer
20 g gehackte Walnusskerne
1 Hirschsteak (ca. 150 g)
1 TL Olivenöl
100 g Rucola
1 EL Balsamicocreme
etwas grobes Meersalz
schwarzer Pfeffer aus der Mühle

Für die Kräuterkruste Parmesan, Kräuter und 1 EL Olivenöl verrühren und mit Salz und Pfeffer abschmecken.
Das Hirschsteak mit dem Handballen vorsichtig flach drücken, dann salzen und pfeffern. Den Grill des Backofens vorheizen.
Die Walnusskerne in einer feuerfesten, beschichteten Pfanne ohne Fett goldgelb rösten, herausnehmen und beiseitestellen. 1 TL Olivenöl in die Pfanne geben und das Hirschsteak von beiden Seiten 2 Minuten anbraten. Dann mit der Käse-Kräuter-Masse bestreichen und unter dem Grill (oder bei starker Oberhitze) 6 bis 7 Minuten gratinieren, bis die Kruste goldgelb ist.
In der Zwischenzeit den Rucola waschen, gut trocken schleudern, die harten Stiele entfernen und mit den Walnüssen vermischen. Auf einen Teller geben, mit Balsamicocreme beträufeln, mit Meersalz und frisch gemahlenem Pfeffer bestreuen. Das Hirschsteak daneben anrichten.

Fleisch

Hirschmedaillons mit Pilzen

Foto unten

49 g E, 33 g F, 5 g KH
Zubereitungszeit: 55 Minuten

2 Hirschmedaillons (insgesamt ca. 180 g)
Salz, Pfeffer, 1 TL Rapsöl
150 g Brokkoli (frisch oder tiefgekühlt)
200 g frische Pilze (z.B. Pfifferlinge, Steinpilze oder Kräutersaitlinge)
20 g Butter
10 g Mandelblättchen

Den Backofen auf 80° vorheizen. Die Medaillons mit Salz und Pfeffer würzen. Das Rapsöl in einer beschichteten Pfanne erhitzen und die Medaillons von jeder Seite 2 Minuten anbraten. In Alufolie wickeln und 45 Minuten im Backofen auf der mittleren Schiene fertiggaren. Die Pfanne mit dem Bratensatz beiseite stellen.

In der Zwischenzeit den Brokkoli in Salzwasser bissfest garen. Durch ein Sieb abgießen und warm stellen. Die Pilze putzen und mit Küchenpapier vorsichtig abreiben. In mundgerechte Stücke schneiden.
Den Bratensatz mit etwas Wasser loskochen und die Hälfte der Butter in kleinen Flocken nach und nach mit einem Schneebesen einrühren, sodass eine glänzende Sauce entsteht.
Kurz vor Ende der Garzeit des Fleisches die andere Hälfte der Butter in einer beschichteten Pfanne erhitzen und die Pilze bei starker Hitze 2 bis 3 Minuten anbraten. Mit Salz und Pfeffer würzen.
Die Sauce als Spiegel auf einen Teller gießen und Gemüse, Pilze und Hirschmedaillons darauf anrichten und mit den Mandelblättchen bestreut servieren.

Fisch und Meeresfrüchte

Aus dem Wasser

Fisch enthält alle essenziellen Aminosäuren – die Bausteine der Proteine – in einer für den Körper besonders leicht verfügbaren Form. Denn Fisch hat einen sehr geringen Bindegewebsanteil, deshalb ist sein Eiweiß besonders leicht verdaulich. Ohne viel Aufwand gelangt es schnell ins Blut und damit dorthin, wo es gebraucht wird. Es belastet nicht den Körper, macht nicht müde, sondern hält unseren Geist wach und fit.

Außerdem enthält Fisch die gesunden ungesättigten Omega-3-Fettsäuren, Balsam für die Gefäßwände. Fette Fische, wie Thunfisch oder Lachs, bringen allerdings auch viele Kalorien mit sich, weshalb wir hiervon jeweils nur ein Rezept entworfen haben – zu gering wäre ansonsten die Menge, die Sie an Ihren Diättagen essen dürften.

Eiweiß- und Fettgehalt pro 100 g

	E	F
Thunfisch	22	15,5
Heilbutt	20	2
Lachs	20	14
Garnelen	19	1,5
Kabeljau	18	0,5
Schellfisch	18	0,5
Seelachs	18	1
Dorade	17	5,5
Steinbeißer	16	2

Dorade mit grünem Spargel in der Papillote

Foto unten

55 g E, 6 g F, 12 g KH
Zubereitungszeit: 40 Minuten

1 kleine rote Paprikaschote
100 g Kirschtomaten
100 g grüner Spargel
2–3 Knoblauchzehen
1 Dorade (ca. 300 g)
Salz, schwarzer Pfeffer aus der Mühle
1 EL Olivenöl
2 Scheiben Zitrone

Den Backofen auf 180 °C vorheizen. Die Paprikaschote waschen, putzen und in Streifen schneiden. Die Kirschtomaten waschen und halbieren. Den Spargel, wenn nötig, im unteren Drittel schälen. Die Knoblauchzehen mit der stumpfen Seite nach unten auf die Arbeitsfläche drücken, sodass sie aufplatzen.
Die Dorade innen und außen würzen und rundherum mit der Hälfte des Olivenöls bestreichen.
Auf ein mit dem restlichen Olivenöl bestrichenes Pergamentpapier legen, das Gemüse rundherum verteilen und mit den Zitronenscheiben belegen.
Das Papier zu einem gut verschlossenen Päckchen falten und im Backofen bei 180 °C für 20 Minuten backen, bis sich das Papier aufbläht. Die Dorade im Päckchen servieren.
Für Gäste können Sie bis zu vier solcher Päckchen packen. Achten Sie aber darauf, dass die Päckchen auf dem Backblech genügend Abstand voneinander haben, damit sie sich aufblähen können.

Tipp: »En papillote« ist die französische Bezeichnung für den Garprozess in einer Hülle aus Pergamentpapier. Das ist besonders gut geeignet für Fisch, der dadurch nicht austrocknen kann und sein volles Aroma behält. Am besten verwenden Sie handelsübliches Backpapier.

Seelachs mit Avocadosalat Foto oben

40 g E, 36 g F, 3 g KH
Zubereitungzeit: 20 Minuten

½ Avocado (ca. 125 g)
etwas Limettensaft
1 Tomate (ca. 100 g)
2 EL weißer Balsamessig
Salz, Pfeffer
1 Seelachsfilet (ca. 200 g)
1 TL Olivenöl
1 TL grüne Pfefferkörner

Die Avocado mit einem Esslöffel aus der Schale lösen, würfeln und gleich mit etwas Limettensaft beträufeln. Die Tomate heiß überbrühen, häuten, halbieren, Stielansälze und Kerne entfernen und das Fruchtfleisch würfeln.
Den Essig mit Salz und Pfeffer verrühren und mit den Avocado- und Tomatenwürfeln vermischen.
Das Seelachsfilet trocken tupfen, mit Salz und Pfeffer würzen. Das Olivenöl in einer beschichteten Pfanne erhitzen und das Seelachsfilet von beiden Seiten bei schwacher Hitze anbraten.
Den Salat auf einem Teller anrichten, das Fischfilet darauflegen und mit den Pfefferkörnern bestreut servieren.

Thunfischsteak mit Gurkentatar

38 g E, 36 g F, 8 g KH
Zubereitungszeit: 20 Minuten

15 g Sesamsaat
1 Salatgurke (ca. 250 g Fruchtfleisch)
1 EL Zitronensaft
3 EL fettarmer Joghurt
1 EL gehackter Dill, Salz, Pfeffer
1 Thunfischsteak (ca. 150 g)
1 TL Olivenöl

Die Sesamsaat in einer kleinen, beschichteten Pfanne unter Rühren anrösten und beiseitestellen.
Die Salatgurke schälen, längs halbieren und die Kerne mit einem Teelöffel herausschaben. Das Fruchtfleisch würfeln.
Aus Zitronensaft, Joghurt, Dill, Salz und Pfeffer eine Marinade bereiten und die Gurkenwürfel unterheben.
Das Thunfischsteak trocken tupfen, mit Salz und Pfeffer würzen. Das Olivenöl in einer beschichteten Pfanne mäßig erhitzen und das Steak von beiden Seiten 2 bis 3 Minuten braten.
Thunfisch und Gurkentatar auf einem Teller anrichten und mit Sesam bestreut servieren.

Variante: Sie können das Thunfischsteak durch eine kleine Lachsschnitte (ca. 150 g) ersetzen. Beide Fische sind sehr fettreich, weshalb es auch lediglich Gurkensalat mit fettarmem Joghurt dazu gibt.

Steinbeißerfilet mit Paprikaragout

30 g E, 36 g F, 12 g KH
Zubereitungszeit: 25 Minuten

je 1 gelbe und rote Paprikaschote
2 EL Olivenöl
1 flacher TL Paprikapulver
100 ml Gemüsebrühe (instant)
50 ml Sahne
Salz, Pfeffer
150 g Steinbeißerfilet
1 EL gehackte Petersilie

Die Paprikaschoten waschen, putzen und in feine Streifen schneiden. 1 EL Olivenöl in einer tiefen beschichteten Pfanne erhitzen und die Paprikastreifen unter Rühren anbraten, bis sie etwas Farbe angenommen haben. Mit dem Paprikapulver bestäuben und mit der Gemüsebrühe aufgießen. Zugedeckt 10 Minuten dünsten lassen, dann die Sahne dazugießen, mit Salz und Pfeffer abschmecken und auf kleinster Flamme ein paar Minuten ziehen lassen, bis der Fisch fertig ist. Das restliche Olivenöl mäßig erhitzen und das Filet von beiden Seiten je nach Dicke 2 bis 3 Minuten anbraten. Auf dem Paprikaragout anrichten und mit Petersilie servieren.

Schellfisch auf Tomatenragout

Foto oben

40 g E, 33 g F, 12 g KH
Zubereitungszeit: 20 Minuten

300 g Tomaten
1 Knoblauchzehe
2 entsteinte schwarze Oliven
3 EL Olivenöl
1 großer EL gehackte Petersilie
1 EL Tomatenmark
1 Scheibe Schellfisch (ca. 200 g)
Salz, Pfeffer

Die Tomaten waschen, halbieren und die Stielansätze und Kerne entfernen. Das Fruchtfleisch würfeln. Die Knoblauchzehe abziehen und sehr fein würfeln. Die Oliven klein würfeln.

1 EL Olivenöl in einem Topf erhitzen und Knoblauch und Petersilie kurz anbraten. Das Tomatenmark unterrühren und rösten, damit es sein Aroma entfalten kann. Tomaten und Oliven dazugeben und bei schwacher Hitze ziehen lassen, bis die Flüssigkeit der Tomaten nahezu verdampft ist. Mit Salz und Pfeffer abschmecken. In der Zwischenzeit das Fischfilet trocken tupfen, salzen und pfeffern. 1 EL Olivenöl in einer Grillpfanne erhitzen und den Fisch bei schwacher Hitze von beiden Seiten 3 Minuten anbraten. Auf einen vorgewärmten Teller geben, das Tomatenragout daneben anrichten und mit dem restlichen Olivenöl beträufelt servieren.

Heilbuttfilet mit Lauchgemüse

51 g E, 26 g F, 16 g KH
Zubereitungszeit: 25 Minuten

1 Stück Ingwer (ca. 1 cm)
1 EL Zitronensaft
Salz, Pfeffer
1 Heilbuttfilet ohne Haut (ca. 200 g)
1 Stange Lauch (350 g, geputzt gewogen)
2 Schalotten
15 g Butter
100 ml Gemüsebrühe (instant) oder
   Gemüsefond (aus dem Glas)
1 EL Crème fraîche
schwarzer Pfeffer aus der Mühle

Den Ingwer schälen und fein raspeln. Mit Zitronensaft, Salz und Pfeffer vermischen und das Heilbuttfilet damit bestreichen. Den Lauch putzen, gründlich waschen und in 1 cm breite Ringe schneiden. Die Schalotten abziehen und in feine Ringe schneiden.
Die Butter in einer beschichteten Pfanne erhitzen und Lauch und Schalotten unter Rühren kurz anbraten. Mit der Gemüsebrühe oder dem Gemüsefond aufgießen. Die Pfanne mit einem Spritzsieb (oder Dämpfeinsatz) bedecken und das Fischfilet darauflegen. Von jeder Seite 3 Minuten dämpfen. Warm stellen.
Das Lauchgemüse noch so lange köcheln lassen, bis nahezu die ganze Flüssigkeit verdampft ist. Mit Salz und Pfeffer abschmecken und die Crème fraîche unterheben. Auf einem vorgewärmten Teller anrichten, den Heilbutt darauflegen und mit frisch gemahlenem Pfeffer bestreut servieren.

Kabeljau mit Estragon-Senf-Gurken

39 g E, 34 g F, 10 g KH
Zubereitungszeit: 20 Minuten

1 Salatgurke
1 Schalotte
1 Kabeljaufilet (ca. 200 g)
Salz, Pfeffer
20 g Butter
100 ml Gemüsebrühe (instant) oder
   Gemüsefond (aus dem Glas)
1 EL scharfer Senf
50 ml Sahne
1 EL fein gehackte Estragonblätter

Die Gurke schälen, längs halbieren und die Kerne mit einem Teelöffel herausschaben. Das Fruchtfleisch in Scheiben schneiden. Die Schalotte abziehen und fein hacken. Das Kabeljaufilet trocken tupfen, salzen und pfeffern und in 3 cm breite Streifen schneiden.
Die Butter in einer beschichteten Pfanne erhitzen und die Schalotten glasig dünsten. Die Gurken dazugeben, die Gemüsebrühe oder den Gemüsefond angießen und bei schwacher Hitze 5 Minuten schmoren. Die Gurken sollten noch bissfest sein.
Senf und Sahne unterrühren, mit Salz und Pfeffer abschmecken, Estragon und Fischstreifen unter die Gurken mischen und 5 Minuten gar ziehen lassen.

Garnelen in der Folie

43 g E, 30 g F, 13 g KH
Zubereitungszeit: 35 Minuten

1 kleine Möhre (ca. 100 g)
Salz
1 Fleischtomate (ca. 200 g)
1 Knoblauchzehe
1 getrocknete Tomate
8–10 schwarze entsteinte Oliven (ca. 30 g)
Salz, schwarzer Pfeffer aus der Mühle
200 g frische geschälte Garnelen (oder 250 g TK-Garnelen ungeschält)
2 EL Olivenöl
1 EL Zitronensaft
etwas abgeriebene Schale einer unbehandelten Zitrone

Den Backofen auf 200 °C vorheizen. Die Möhre schälen und in kleine Würfel schneiden. In kochendem Salzwasser 3 Minuten blanchieren.

Die Fleischtomate mit heißem Wasser überbrühen, häuten, die Stielansätze herausschneiden, die Kerne entfernen und das Fruchtfleisch würfeln. Die Knoblauchzehe abziehen und in Scheiben schneiden. Die getrocknete Tomate in feine Streifen, die Oliven in Scheiben schneiden.

Das Gemüse auf einem Stück reißfester Alufolie verteilen, salzen und mit frisch gemahlenem Pfeffer bestreuen. Die Garnelen darauflegen, mit Olivenöl und Zitronensaft beträufeln und mit der Zitronenschale bestreuen.

Die Alufolie gut verschließen und die Garnelen im vorgeheizten Backofen für 20 Minuten garen. Die Garnelen sollten jetzt rosig sein. Wenn nicht, noch einige Minuten offen weitergaren lassen. In der Folie servieren.

Garnelen mit Zucchini-Pappardelle

Foto rechts

43 g E, 31 g F, 12 g KH
Zubereitungszeit: 20 Minuten

1 Zucchino (ca. 250 g)
3 Knoblauchzehen
1 Schalotte
1 unbehandelte Zitrone
3 EL Olivenöl
Salz
200 g frische geschälte Garnelen
schwarzer Pfeffer aus der Mühle

Den Zucchino heiß waschen und putzen. Mit einem Gemüsehobel oder mit dem Sparschäler längs dünne Scheiben abschälen, die dann wie Bandnudeln aussehen. Die Knoblauchzehen abziehen und fein würfeln. Die Schalotte abziehen und in feine Ringe schneiden. Die Zitrone heiß waschen und mit dem Zestenreißer dünne Streifen abhobeln. Alternativ etwas von der Schale dünn abschälen und mit einem scharfen Messer in Streifen schneiden. Zwei Scheiben von der Zitrone zur Dekoration abschneiden, die restliche Zitrone auspressen.
2 EL Olivenöl in einer großen beschichteten Pfanne erhitzen und Knoblauch und Schalotte anschwitzen. Die Zucchini-Pappardelle dazugeben und unter vorsichtigem Rühren braten, bis sie glasig geworden sind. Mit dem Zitronensaft ablöschen und mit Salz abschmecken. Warm stellen.
In einer kleinen Pfanne das restliche Olivenöl erhitzen und die Garnelen von beiden Seiten 1 bis 2 Minuten braten, bis sie schön rosa sind.
Zucchini und Garnelen auf einem Teller anrichten und mit frisch gemahlenem schwarzen Pfeffer bestreut servieren.

Genug für zwei

Im Grunde genommen können Sie die Zutaten unserer bisherigen Rezepte, die für eine Person gedacht sind, mehrfach multiplizieren und damit Ihre Lieben oder Gäste bekochen. In diesem Kapitel haben wir für Sie Rezepte zusammengestellt, deren Grundzutaten für eine Person allein einfach zu viel wären: zum Beispiel Entenbrust, Putenbraten, Lammschulter oder ein großes Fischfilet.

Dass auch diese Rezepte viel Eiweiß und wenig Kohlenhydrate enthalten, versteht sich von selbst. Da sich die Grundzutaten aus den anderen Rezeptkapiteln von nun an wiederholen, verzichten wir deshalb auch auf die Übersichtstabellen. Für die Nährwerte blättern Sie dann einfach zum entsprechenden Kapitel nach vorn.

Die Nährwertangaben der folgenden Rezepte entsprechen einer Portion, die Zutaten sind für zwei Portionen.

Hähnchenbrust mediterran

Foto unten

Pro Portion: 54 g E, 23 g F, 18 g KH
Zubereitungszeit: 60 Minuten

500 g Tomaten
1 rote Paprikaschote
10 Knoblauchzehen (ca. 50 g)
1 Hähnchenbrust im Ganzen oder 2 Filets (insgesamt ca. 400 g)
Salz, Pfeffer, 20 g Tomatenmark
3 große EL Olivenöl
2 EL italienische Kräuter (Tiefkühlprodukt)
2 Zweige Rosmarin

Den Backofen auf 200 °C vorheizen. Die Tomaten waschen, halbieren, die Stielansätze herausschneiden und in Spalten schneiden.
Die Paprikaschote waschen, putzen und quer in Streifen schneiden. Die Knoblauchzehen mit der stumpfen Seite nach unten auf die Arbeitsfläche drücken, sodass sie aufplatzen.
Die Filets salzen und pfeffern. Quer mit einem scharfen Messer eine Tasche einschneiden und das Tomatenmark hineinge-

Gerichte für zwei

Thunfischsalat mit Ofentomaten

ben. Eine feuerfeste Form mit 1 EL Olivenöl auspinseln, die Hähnchenbrustfilets hineinlegen, Tomaten, Paprika, Knoblauch und Kräuter rundherum verteilen, die Rosmarinzweige darauflegen und mit dem restlichen Olivenöl beträufeln.
Im vorgeheizten Backofen 45 Minuten braten, bis das Fleisch schön goldgelb und das Gemüse weich ist.

Pro Portion: 33 g E, 39 g F, 6 g KH
Zubereitungszeit: 20 Minuten

2 große Fleischtomaten (je ca. 100 g)
1 rote Zwiebel
2 EL Thymianblättchen oder
  Kräuter nach Belieben
2 EL Olivenöl
Salz, Pfeffer
2 Dosen Thunfisch (in eigenem Saft,
  je ca. 140 g Abtropfgewicht)
einige Blätter Salat (z. B. Eisberg,
  Lollo rosso oder Eichblattsalat)
2–3 TL Balsamicocreme

Den Grill des Backofens einschalten oder den Backofen auf 250 °C vorheizen.
Die Tomaten quer halbieren und mit der Schnittseite nach oben in eine ofenfeste Form geben. Die Zwiebel abziehen, grob würfeln und dazwischen verteilen.
Die Kräuter mit Olivenöl, Salz und Pfeffer verrühren und auf die Tomaten träufeln.
Auf der mittleren Schiene des Ofens 10 Minuten grillen oder backen, bis die Tomaten Farbe angenommen haben.
In der Zwischenzeit den Thunfisch abtropfen lassen und mit einer Gabel grob zerkleinern.
Die Salatblätter waschen, trocken schleudern und auf einem Teller auslegen, die Tomaten mit der Flüssigkeit und den Zwiebeln aus dem Ofen nehmen und mit dem Thunfisch darauf verteilen.
Mit einigen Spritzern Balsamicocreme beträufeln und servieren.

Gefüllter Putenbraten

Pro Portion: 57 g E, 28 g F, 7 g KH
Zubereitungszeit: 45 Minuten

400 g Putenbrust am Stück
Salz, Pfeffer, 2 EL Pesto (aus dem Glas)
4 getrocknete Tomaten
15 g geraspelter Parmesan
2 EL Olivenöl, Salz, Pfeffer
250 g Kirschtomaten
10 frische Basilikumblätter
2 EL Crème fraîche

In die Mitte der Putenbrust mit einem scharfen Messer waagerecht eine Tasche schneiden. Innen und außen mit Salz und Pfeffer würzen. Die Tasche mit dem Pesto ausstreichen. Die getrockneten Tomaten in Streifen schneiden und zusammen mit dem geraspelten Parmesan in die Öffnung geben. Die Tasche mit Zahnstochern verschließen. Das Olivenöl in einer beschichteten tiefen Pfanne mit Deckel erhitzen und die Putenbrust von allen Seiten goldgelb anbraten. Etwa 75 ml Wasser angießen, aufkochen lassen und zugedeckt bei schwacher Hitze 30 Minuten garen. Öfter den Flüssigkeitsstand kontrollieren und eventuell etwas Wasser nachgießen. Die Kirschtomaten waschen und halbieren. Die Hälfte der Basilikumblätter in Streifen schneiden. Die Putenbrust aus der Pfanne nehmen und warm stellen. Die Tomaten in den Bratensatz geben und 3 Minuten dünsten, sie sollen jedoch nicht verkochen. Crème fraîche und geschnittenes Basilikum unterrühren, nicht mehr kochen lassen, und die Sauce mit Salz und Pfeffer abschmecken. Die Zahnstocher aus der Putenbrust entfernen und das Fleisch in 4 Scheiben schneiden. Auf zwei Tellern anrichten, mit der Tomatensauce begießen und mit dem übrigen Basilikum servieren.

Gerichte für zwei

Schweinemedaillons mit Walnusskruste auf Selleriegemüse

Pro Portion: 57 g E, 26 g F, 9 g KH
Zubereitungszeit: 30 Minuten

25 g Walnusskerne
1 gehäufter EL fein gehackte Petersilie
35 g frisch geriebener Parmesan
1 Eiweiß
2 EL Olivenöl
400 g Staudensellerie (geputzt gewogen)
15 g getrocknete Tomaten
400 g Schweinefilet
Salz, Pfeffer
1 EL Tomatenmark
150 ml Gemüsebrühe (instant)

Den Backofen auf 220 °C vorheizen. Die Hälfte der Walnusskerne im Blitzhacker fein hacken. Die restlichen Walnusskerne grob hacken und beiseitestellen. Petersilie, Parmesan, das Eiweiß, 1 EL Olivenöl und die fein gehackten Walnusskerne zu einer glatten Masse verrühren. Die äußeren Stängel des Staudenselleries, wenn nötig, dünn abschälen und in Ringe schneiden. Die getrockneten Tomaten in Streifen schneiden.

Das Schweinefilet von den Sehnen befreien und in 6 Scheiben schneiden, salzen und pfeffern. Das restliche Olivenöl in einer beschichteten Pfanne erhitzen und die Schweinemedaillons von jeder Seite etwa 1 Minute goldgelb anbraten. In eine feuerfeste Form (oder auf ein mit Alufolie ausgelegtes Backblech) setzen und mit der Walnuss-Parmesan-Paste bestreichen. 10 bis 12 Minuten im Backofen überbacken, bis die Kruste Farbe zeigt.
In der Zwischenzeit den Sellerie in das Bratfett geben und unter Rühren etwas Farbe annehmen lassen. Das Tomatenmark einrühren und kurz rösten. Mit der Gemüsebrühe aufgießen, die getrockneten Tomaten dazugeben und offen kochen lassen, bis die Flüssigkeit verdampft und das Gemüse bissfest ist. Mit Salz und Pfeffer abschmecken.
Zum Servieren das Gemüse auf eine vorgewärmte Platte geben, die überbackenen Medaillons daraufsetzen und alles mit den grob gehackten Walnusskernen bestreuen.

Entenbrust mit grünem Spargel

Foto oben

Pro Portion: 38 g E, 36 g F, 6 g KH
Zubereitungszeit: 45 Minuten

1 weibliche Entenbrust (ca. 350 g)
1 EL Zitronensaft
Salz, Pfeffer
1 EL Olivenöl
500 g grüner Spargel
1 Prise Zucker
1 EL fein geraspelter Parmesan

Den Backofen auf 120 °C vorheizen. Die Haut der Entenbrust mit einem scharfen Messer schräg einschneiden. Den Zitronensaft mit Salz und Pfeffer vermischen und die Entenbrust rundherum damit einreiben.
Das Olivenöl in einer ofenfesten Pfanne erhitzen und die Entenbrust zuerst mit der Hautseite bei schwacher Hitze so lange anbraten, bis die Haut nur noch etwa 2 bis 3 mm dick und schön knusprig ist. Dabei das ausgetretene Fett immer wieder abgießen. Dann die Unterseite anbraten. Im vorgeheizten Backofen 20 Minuten garen und anschließend 15 Minuten bei abgeschaltetem Ofen nachziehen lassen. So bleibt sie innen schön rosa.
In der Zwischenzeit den Spargel im unteren Ende dünn abschälen und in Salzwasser mit einer Prise Zucker ca. 10 Minuten bissfest kochen. Gut abtropfen lassen.
Die Entenbrust in Scheiben schneiden und den Spargel daneben anrichten. Mit Parmesan bestreut servieren.

Gerichte für zwei

Spinat-Hackfleisch-Tarte

Pro Portion: 51 g E, 29 g F, 7 g KH
Zubereitungszeit: 50 Minuten, zuzüglich
ca. 3 Stunden Auftauzeit für den Spinat

1 Pck. TK-Blattspinat (ca. 400 g)
1 mittelgroße Zwiebel
2 Knoblauchzehen
15 g Butter
250 g Tatar (»Schabefleisch«)
2 Eier, Größe M
1 EL Zitronensaft
1 TL Paprikapulver edelsüß/rosenscharf
Salz, Pfeffer
1 EL getrocknete Kräuter der Provence
etwas Fett für die Form
100 ml saure Sahne
60 g fein geraspelter Parmesan

Den Spinat auftauen lassen. Den Backofen auf 180 °C vorheizen.
Zwiebel und Knoblauch abziehen und fein hacken. In der Butter glasig dünsten.
Das Fleisch mit Spinat, 1 Ei, Zitronensaft und den Gewürzen vermischen. In eine leicht gefettete Auflaufform (ca. 26 cm Durchmesser) geben und glatt streichen. Im vorgeheizten Backofen 20 Minuten backen.
Die saure Sahne mit dem zweiten Ei verquirlen und den Parmesan unterrühren. Mit Salz und Pfeffer würzen und die Masse auf dem Hackfleisch verteilen. Weitere 15 Minuten backen, bis die Kruste goldbraun und knusprig ist.

Entenbrust mit Kohlrabi

Pro Portion: 39 g E, 33 g F, 14 g KH
Zubereitungszeit: 45 Minuten

1 weibliche Entenbrust (ca. 350 g)
1 EL Zitronensaft
Salz, Pfeffer
1 TL Rapsöl
2 Kohlrabi (ca. 600 g)
1 kleine Zwiebel
1 walnussgroßes Stück Ingwer
200 ml Geflügelfond, am besten Entenfond (aus dem Glas)
1 TL Rapsöl
1 EL Apfelessig
1 EL scharfer Senf

Den Backofen auf 120 °C vorheizen. Die Haut der Entenbrust mit einem scharfen Messer schräg einschneiden. Den Zitronensaft mit Salz und Pfeffer vermischen und die Entenbrust rundherum damit einreiben. Das Rapsöl in einer ofenfesten Pfanne erhitzen und die Entenbrust zuerst mit der Hautseite bei schwacher Hitze so lange anbraten, bis die Haut nur noch etwa 2 bis 3 mm dick und schön knusprig ist. Dabei das ausgetretene Fett immer wieder abgleßen. Dann die Unterseite anbraten. Im vorgeheizten Backofen 20 Minuten garen und anschließend 15 Minuten bei abgeschaltetem Ofen nachziehen lassen. So bleibt sie innen schön rosa.
In der Zwischenzeit die Kohlrabi schälen und in feine Stifte schneiden. Zwiebel und Ingwer schälen und in kleine Würfel schneiden. Den Geflügelfond erhitzen und den Kohlrabi mit den Zwiebel- und Ingwerwürfeln 10 Minuten dünsten. Mit Salz, Pfeffer, Apfelessig und Senf pikant abschmecken.

Kaninchenrücken mit Brokkoli und Rosenkohl

Foto rechts

Pro Portion: 50 g E, 31 g F, 7 g KH
Zubereitungszeit: 40 Minuten

1 Kaninchenrücken (ca. 400 g)
Salz, Pfeffer
1 EL Olivenöl
150 g Brokkoliröschen
150 g Rosenkohl
25 g Butter

Den Backofen auf 180 °C vorheizen. Wenn nötig, vom Kaninchenrücken die unter den Bauchlappen liegenden Nierchen entfernen. Rundherum kräftig salzen und pfeffern und die Bauchlappen wieder schön zusammenlegen.

Das Olivenöl in einem Bräter erhitzen und den Kaninchenrücken mit der schönen Seite zuerst rundherum goldgelb anbraten. Etwa 100 ml Wasser angießen und im vorgeheizten Backofen 30 Minuten braten. Eventuell etwas Flüssigkeit nachgießen.

In der Zwischenzeit den Brokkoli in kleine Röschen teilen (Stiele und übrige Röschen anderweitig verwenden, z. B. für eine Suppe oder für das Rehfilet mit Rosenkohl auf Seite 110). Den Rosenkohl waschen und putzen. Reichlich Salzwasser zum Kochen bringen und den Rosenkohl je nach Größe in 10 bis 15 Minuten bei mittlerer Hitze weich kochen. Nach 5 Minuten die Brokkoliröschen dazugeben.

Den Kaninchenrücken aus dem Bräter nehmen und mit einem sehr scharfen Messer in Scheiben schneiden. Alternativ können Sie den Kaninchenrücken auch der Länge nach am Rückgrat in zwei Hälften teilen. Das ist zudem einfacher.

Den Bratensatz mit etwas Wasser loskochen, wieder einkochen lassen und die Hälfte der Butter mit dem Schneebesen einrühren.

Das Gemüse auf vorgewärmten Tellern anrichten, die restliche Butter in Flöckchen darauf verteilen. Das Fleisch daneben anrichten und mit der Buttersauce übergießen.

Tipp: Wir haben hier das Gemüse in Salzwasser gekocht. Sie können aber auch die schonendere Garart mit Dampf wählen. Füllen Sie dazu einen Topf zwei Fingerbreit mit Salzwasser, setzen Sie den Dampfeinsatz ein, und legen Sie das Gemüse darauf. Rosenkohl braucht etwa 15 bis 20 Minuten, die Brokkoliröschen ca. 10 Minuten.

Lammschulter mit Frühlingszwiebeln

Pro Portion: 46 g E, 30 g F, 11 g KH
Vorbereitungszeit: 20 Minuten, Kochzeit: 2 Stunden

1 kleine Möhre (ca. 100 g)
1 kleine Lauchstange, geputzt (ca. 100 g)
1 Knoblauchzehe
1 kleine weiße Zwiebel
1 kleine Lammschulter (ca. 400 g)
Salz
2 Lorbeerblätter
3 zerdrückte Wacholderbeeren
1 TL scharfer Senf
1 EL Zitronensaft
2 EL Olivenöl
Pfeffer
3 Bund Frühlingszwiebeln
30 g Butter
1 TL Zucker

Die Möhre schälen, putzen und in Stifte schneiden. Die Lauchstange putzen, längs halbieren und gründlich waschen. Knoblauchzehe und Zwiebel abziehen. Knoblauch halbieren, Zwiebel vierteln. Die Lammschulter in einen passenden Topf geben und mit Salzwasser bedecken. Zusammen mit den Lorbeerblättern und den Wacholderbeeren aufkochen und zugedeckt bei schwacher Hitze für 1 Stunde köcheln lassen. Möhrenstifte und Lauchstange dazugeben und eine weitere Stunde garen, bis das Fleisch schön weich ist und es sich leicht vom Knochen lösen lässt.
Kurz vor Ende der Garzeit für die Marinade den Senf mit dem Zitronensaft verquirlen und das Olivenöl mit einem Schneebesen nach und nach unterschlagen. Mit Salz und Pfeffer abschmecken.
Die Frühlingszwiebeln waschen, putzen und in etwa 3 cm lange Stücke schneiden. Dickere Zwiebeln längs halbieren. Die Butter in einer beschichteten Pfanne erhitzen und die Frühlingszwiebeln 3 bis 4 Minuten anbraten, bis sie etwas Farbe angenommen haben. Den Zucker darüberstreuen und unter Rühren leicht karamellisieren lassen.
Das Fleisch aus dem Sud nehmen, vom Knochen lösen, in Scheiben schneiden und auf zwei Tellern anrichten. Die Frühlingszwiebeln und das Gemüse aus dem Sud nehmen, danebensetzen und mit der Marinade beträufeln.

Gerichte für zwei

Rotbarschfilet auf Avocado mit Shiitakepilzen

Pro Portion: 53 g E, 31 g F, 2 g KH
Zubereitungszeit: 20 Minuten

1 Rotbarschfilet (ca. 500 g)
2 EL Zitronensaft
½ reife Avocado
30 g Kräuterfrischkäse (20 % Fett)
Salz, Pfeffer
200 g Shiitakepilze
1 EL Olivenöl
1 EL Butter

Das Rotbarschfilet trocken tupfen und mit 1 EL Zitronensaft beträufelt ziehen lassen. In der Zwischenzeit das Avocadofruchtfleisch aus der Schale lösen, mit einer Gabel zerdrücken und mit dem Kräuterfrischkäse und dem restlichen Zitronensaft zu einer glatten Creme verrühren. Mit Salz und Pfeffer abschmecken. Die Shiitakepilze mit Küchenpapier vorsichtig abreiben, die harten Stiele mit den Fingern herausknipsen. Größere Pilze in zwei Teile brechen, nicht schneiden. Das Rotbarschfilet salzen und pfeffern und in einer beschichteten Pfanne im Olivenöl bei schwacher Hitze von beiden Seiten 4 bis 5 Minuten braten. Die Butter in einer beschichteten Pfanne stark erhitzen und die Shiitakepilze für 1 Minute darin schwenken. Mit Salz und Pfeffer würzen.
Die Avocadocreme auf zwei Tellerhälften verstreichen, das Fischfilet halbieren und auf die Creme legen, die Pilze daneben.

Dorade im Gemüsebett

Pro Portion: 38 g E, 33 g F, 13 g KH
Zubereitungszeit: 40 Minuten

1 Dorade, küchenfertig (ca. 400 g)
Salz, Pfeffer
2 Scheiben Zitrone
6 Knoblauchzehen
1 Bund Frühlingszwiebeln
1 kleiner Zucchino (ca. 150 g)
350 g kleine Tomaten
3 EL Olivenöl
50 g schwarze entsteinte Oliven
2 Zweige Rosmarin

Die Dorade innen und außen mit Salz und Pfeffer würzen. Die Zitronenscheiben in den Bauch legen. Die Knoblauchzehen mit der stumpfen Seite nach unten fest auf die Arbeitsplatte drücken, damit sie aufplatzen. Die Frühlingszwiebeln abziehen und in etwa 1 cm breite Ringe schneiden. Dabei auch viel von dem dunklen Grün mit verwenden. Den Zucchino waschen, putzen und in Scheiben schneiden. Die Tomaten waschen und halbieren.
2 EL Olivenöl in einem Bräter erhitzen. Knoblauchzehen und Zwiebelringe darin glasig dünsten. Zucchino, Tomaten und Oliven unterrühren. Die Dorade darauflegen und mit dem restlichen Olivenöl beträufeln. Die Rosmarinzweige danebenlegen. Den Backofen auf 200 °C stellen. Die Dorade mit dem Gemüse ca. 30 Minuten garen und in der Form servieren.

Gemüse

Alles Gemüse

Diese Rezepte sind nicht nur für Vegetarier. Wir sind uns sicher: Auch der überzeugteste Nichtvegetarier wird von dem einen oder anderen Gemüsegericht begeistert sein. Sie sind alle blitzschnell gemacht und voller Frische und Geschmack!

Für die Rezepte in diesem Kapitel haben wir wieder zum Käsetrick gegriffen. Viel Gemüse wird unter einer Käseschicht versteckt – und ab damit in den Backofen. Denn das bei Vegetariern so beliebte (und sinnvolle) pflanzliche Eiweiß aus Hülsenfrüchten fällt bei der 2-Tage-Diät wegen des hohen Kohlenhydratgehalts weg. Aber trösten Sie sich: Es bleiben Ihnen noch 5 Tage in der Woche, an denen Sie Hülsenfrüchte essen können.

Überbackener Blumenkohl

Foto unten

36 g E, 35 g F, 12 g KH
Zubereitungszeit: 45 Minuten

½ Blumenkohl (ca. 300 g, ohne Blätter)
Salz
2 Eier, Größe M
50 g mittelalter Gouda
75 ml Milch
Pfeffer
frisch geriebene Muskatnuss
10 g Butter
1 EL gehackter Dill

Den Backofen auf 200 °C vorheizen. Den Blumenkohl in Röschen teilen und waschen. Die Stiele klein würfeln und in reichlich Salzwasser 7 bis 8 Minuten bissfest kochen. Durch ein Sieb abgießen und gut abtropfen lassen.
In der Zwischenzeit die Eier mit einem Schneebesen verquirlen, den Gouda fein reiben und beides mit der Milch vermischen. Mit Salz, Pfeffer und Muskatnuss würzen.
Eine feuerfeste Form (ca. 22 cm Durchmesser) mit Butter bestreichen, den Blumenkohl hineingeben und leicht andrücken. Mit der Eiermilch übergießen und 20 bis 25 Minuten im vorgeheizten Backofen backen, bis sich eine goldgelbe Kruste gebildet hat. Mit Dill bestreut in der Form servieren.

Variante: Sie können diesen Auflauf auch mit Brokkoli machen, allerdings nur mit 250 g, denn sonst werden es mehr als 500 Kalorien. Brokkoli hat eine geringere Garzeit als Blumenkohl. Die Staude ebenfalls in Röschen teilen und die Stiele klein schneiden. Zuerst die Stiele 5 Minuten in Salzwasser blanchieren, dann für weitere 5 Minuten die Röschen dazugeben.

Paprikakohl mit Bergkäse

36 g E, 36 g F, 11 g KH
Zubereitungszeit: 20 Minuten

½ Chinakohl (ca. 250 g vorbereitet, gewogen)
Salz
1 rote Paprikaschote
1 EL Schnittlauch in Röllchen
2 EL saure Sahne
Pfeffer
1 flacher TL Paprikapulver edelsüß oder rosenscharf
100 g Bergkäse in Scheiben

Den Chinakohl putzen und in Streifen schneiden. In reichlich Salzwasser 2 Minuten blanchieren, dann durch ein Sieb abgießen und gut abtropfen lassen. Den Grill des Backofens vorheizen. Die Paprikaschote waschen, putzen und in feine Streifen schneiden. Kohl, Paprika, Schnittlauch und saure Sahne vermengen. Mit Salz, Pfeffer und Paprikapulver abschmecken. Das Gemüse in eine feuerfeste Form füllen, mit den Käsescheiben belegen und überbacken, bis der Käse geschmolzen und goldgelb ist.

Aubergine mit Paprika aus dem Ofen

26 g E, 36 g F, 17 g KH
Zubereitungszeit: 25 Minuten

1 kleine Aubergine (ca. 200 g geputzt gewogen)
1 TL Olivenöl
1 Bund Frühlingszwiebeln
1 Knoblauchzehe
1 rote oder gelbe Paprikaschote
1 EL Olivenöl
½ TL Paprikapulver edelsüß oder rosenscharf
½ Dose stückige Tomaten (ca. 200 g)
Salz, Pfeffer
100 g Mozzarella

Den Backofen auf 200 °C vorheizen. Die Aubergine waschen, putzen und längs in 4 Scheiben schneiden. Auf ein mit Alufolie ausgelegtes Backblech oder in eine ofenfeste Form legen und dünn mit 1 TL Olivenöl bepinseln. 10 Minuten braten, dabei einmal wenden. In der Zwischenzeit die Frühlingszwiebeln und die Knoblauchzehe abziehen. Frühlingszwiebeln in Ringe, Knoblauch in kleine Würfelchen schneiden. Die Paprikaschote waschen, putzen und klein würfeln. 1 EL Olivenöl in einer beschichteten Pfanne erhitzen, Zwiebeln und Knoblauch darin glasig dünsten. Die Paprikawürfel dazugeben und unter Rühren braten, bis sie etwas Farbe angenommen haben. Mit dem Paprikapulver bestäuben, kurz durchrühren und die Dosentomaten dazugeben. Mit Salz und Pfeffer würzen und cremig einkochen lassen.
Die Auberginenscheiben aus dem Ofen nehmen und mit Salz und Pfeffer würzen. Das Paprika-Tomaten-Gemüse auf den Auberginenscheiben verteilen, den Mozzarella in Scheiben schneiden und darauflegen. 4 bis 5 Minuten im Ofen überbacken, bis der Käse geschmolzen ist.

Zucchini mit Käsekruste

Foto oben

39 g E, 34 g F, 10 g KH
Zubereitungszeit: 30 Minuten

1 Zucchino (ca. 300 g)
100 g würziger Käse (z. B. Gruyère oder Bergkäse)
1 Ei, Größe M
2 EL saure Sahne
Salz, Pfeffer
1 Bund Frühlingszwiebeln
2 EL Schnittlauch in Röllchen

Den Backofen auf 200 °C vorheizen. Den Zucchino waschen, putzen und in etwa 3 mm breite Scheiben schneiden. Den Käse fein raspeln, mit dem Ei und der sauren Sahne vermischen und mit Salz und Pfeffer würzen.
Die Zucchinischeiben in eine feuerfeste Form (ca. 24 cm Durchmesser) geben und mit dem Käse-Ei-Gemisch bestreichen. Im vorgeheizten Backofen 20 bis 25 Minuten backen, bis eine goldbraune Kruste entstanden ist.
In der Zwischenzeit die Frühlingszwiebeln abziehen und in dünne Ringe schneiden. Den Zucchiniauflauf mit den Frühlingszwiebeln und den Schnittlauchröllchen bestreut in der Form servieren.

Gemüse

Champignonpfanne mit Mozzarella

29 g E, 36 g F, 13 g KH
Zubereitungszeit: 20 Minuten

2 Schalotten
1 Knoblauchzehe
1 rote Paprikaschote
1 kleine Lauchstange
200 g Champignons
2 EL Olivenöl
Salz, Pfeffer
80 g Mozzarella
10 Blätter frisches Basilikum

Schalotten und Knoblauchzehe abziehen und fein würfeln. Die Paprikaschote waschen, putzen und in Streifen schneiden. Die Lauchstange putzen, längs halbieren, gründlich waschen und in Ringe schneiden. Die Champignons mit Küchenpapier vorsichtig abreiben, die braunen Füßchen eventuell abschneiden. Je nach Größe vierteln oder halbieren.
Das Olivenöl in einem Wok oder in einer großen Pfanne erhitzen. Das Gemüse – bis auf die Champignons – hineingeben und unter Rühren 5 Minuten anbraten, bis Lauch und Paprika Farbe angenommen haben. Die Champignons dazugeben und 1 Minute weiterbraten.
Den Mozzarella in dünne Scheiben schneiden, darauflegen und zugedeckt leicht schmelzen lassen.

Überbackene Champignons in Tomatensauce

30 g E, 39 g F, 8 g KH
Zubereitungszeit: 20 Minuten

200 g Champignons
25 g Butter
2 EL gehackte Petersilie
½ Dose stückige Tomaten (ca. 200 g)
Salz, schwarzer Pfeffer aus der Mühle
80 g mittelalter Gouda in Scheiben

Den Backofen auf 220 °C vorheizen. Die Champignons vorsichtig mit Küchenpapier abreiben, eventuell die braunen Füßchen abschneiden. Pilze in breite Scheiben schneiden.
Die Butter in einer beschichteten, feuerfesten Pfanne erhitzen. Die Petersilie kurz darin anschwitzen, dann die Champignons dazugeben und unter Rühren für 1 Minute anbraten.
Die Tomaten dazugießen und in 3 bis 4 Minuten sämig einkochen lassen. Mit Salz und Pfeffer abschmecken. Mit den Käsescheiben belegen und 6 bis 7 Minuten im vorgeheizten Backofen überbacken, bis der Käse Blasen wirft und etwas Farbe angenommen hat. Mit frisch gemahlenem Pfeffer bestreuen und gleich aus der Pfanne servieren.

Zucchini mit Nusskruste

27 g E, 39 g F, 10 g KH
Zubereitungszeit: 35 Minuten

1 Zucchino (ca. 250 g)
Salz, Pfeffer
10 g Walnusskerne
10 g Pinienkerne
10 g gemahlene Haselnüsse
100 g Mozzarella

Den Backofen auf 180 °C vorheizen. Den Zucchino waschen, putzen und längs halbieren. Die Kerne mit einem Teelöffel herausschaben. Die Zucchinihälften salzen und pfeffern und in eine feuerfeste Form oder auf ein Backblech legen.
Die Walnuss- und Pinienkerne grob hacken und in einer beschichteten Pfanne ohne Fett goldgelb rösten. Mit den gemahlenen Haselnüssen vermischen und in die Zucchinihälften füllen.
Den Mozzarella in kleine Würfel schneiden und auf der Nussmischung verteilen. Im vorgeheizten Backofen ca. 25 Minuten backen, bis der Käse eine goldgelbe Kruste gebildet hat.

Chinakohl mit körnigem Frischkäse

24 g E, 41 g F, 18 g KH
Zubereitungszeit: 30 Minuten

½ Chinakohl (250 g geputzt gewogen)
2–3 Stängel Staudensellerie (ca. 100 g)
1 walnussgroßes Stück Ingwer
30 g Walnusskerne
2 EL Rapsöl
100 ml Gemüsebrühe (instant)
100 g körniger Frischkäse
schwarzer Pfeffer aus der Mühle

Den harten Strunk des Chinakohls herausschneiden und die Blätter grob in Streifen schneiden. Die Stängel des Staudenselleries, wenn nötig, dünn abschälen und in Streifen schneiden. Den Ingwer schälen und in sehr kleine Würfelchen schneiden. Die Walnusskerne grob hacken und in einer beschichteten Pfanne ohne Fett rösten, herausnehmen und beiseitestellen.
Das Rapsöl in einem Wok (oder in einer großen beschichteten Pfanne) erhitzen und die Ingwerwürfel kurz darin anschwitzen. Chinakohl und Sellerie dazugeben und unter Rühren 2 bis 3 Minuten anbraten, bis das Gemüse etwas Farbe angenommen hat. Mit der Gemüsebrühe aufgießen und 8 bis 10 Minuten offen dünsten, bis die Flüssigkeit verdampft und der Kohl schön weich ist.
Zum Servieren den Frischkäse mit einem Löffel darüber verteilen, mit den gerösteten Walnüssen bestreuen und frisch gemahlenen Pfeffer darüberstreuen.

Gemüse

Rosenkohl-Pilz-Pfanne

Foto unten

23 g E, 35 g F, 17 g KH
Zubereitungszeit: 25 Minuten

300 g Rosenkohl
Salz
1 mittelgroße weiße Zwiebel
300 g gemischte Pilze (z. B. Austernpilze, Champignons und Kräutersaitlinge)
40 g Butter
frisch geriebene Muskatnuss
Pfeffer
25 g gehackter Dill

Den Rosenkohl waschen und putzen. Größere Röschen halbieren. Dann in reichlich Salzwasser je nach Größe in 10 bis 15 Minuten bissfest kochen.
In der Zwischenzeit die Zwiebel abziehen und in Ringe schneiden. Die Pilze mit Küchenpapier vorsichtig abreiben und in mundgerechte Stücke schneiden.
Den Rosenkohl durch ein Sieb abgießen und gut abtropfen lassen. Die Butter in einer großen beschichteten Pfanne stark erhitzen und die Zwiebelringe darin glasig dünsten. Die Pilze dazugeben und unter Rühren 2 Minuten anbraten. Den Rosenkohl unterrühren und mit Salz, Pfeffer und frisch geriebener Muskatnuss abschmecken. Mit Dill bestreut servieren.

Variante: Gut zu Pilzen passt auch Brokkoli. Davon dürfen Sie 400 g nehmen, dann haben Rosenkohl und Brokkoli fast genau denselben Eiweiß- und Kohlenhydratgehalt. Nehmen Sie vom Brokkoli am besten nur die Röschen, die Stiele können Sie für die Brokkolicremesuppe mit Tomaten auf Seite 38 verwenden.

Kürbis mit Babyspinat

Foto oben

10 g E, 43 g F, 11 g KH
Zubereitungszeit: 20 Minuten

100 g frischer Babyspinat
150 g Kürbisfleisch (geputzt gewogen, z. B. Hokkaido-Kürbis, Butternut oder Gelber Zentner)
30 g Butter
20 g Sesamsaat
75 ml Gemüsebrühe (instant)
1 EL Olivenöl
2 EL weißer Balsamessig
Salz, Pfeffer

Den Babyspinat gründlich waschen und verlesen. Gut abtropfen lassen. Das Kürbisfleisch aus der Schale lösen und in Würfel schneiden. (Hokkaido-Kürbis kann mit Schale verarbeitet werden.)

Die Butter in einer beschichteten Pfanne erhitzen und Kürbis und Sesamsaat unter Rühren 3 Minuten anbraten. Mit der Gemüsebrühe aufgießen und unter gelegentlichem Rühren dünsten, bis die Flüssigkeit verdampft ist.
Aus Olivenöl, Balsamessig, Salz und Pfeffer eine Marinade bereiten. Mit dem Babyspinat vermischen und das Kürbis-Sesam-Gemüse daraufgeben.

Info: Es gibt Babyspinat bereits fertig vorbereitet (100 g) im Kühlregal der Gemüseabteilung im Supermarkt. Dort finden Sie auch Salatmischungen, die sich ebenfalls als Basis für das Kürbisgemüse eignen, z. B. mit jungen Blättern von Spinat, rotem Mangold und Rucola.

Gemüse

Gemüseplatte mit Aioli

20 g E, 39 g F, 19 g KH
Zubereitungszeit: 30 Minuten

2 Eier, Größe M
100 g grüne Bohnen
1 kleine Möhre (ca. 100 g)
½ Kohlrabi (ca. 100 g)
Salz
50 g Salatmayonnaise
1 EL Naturjoghurt
1–2 Knoblauchzehen
Pfeffer
etwas grobes Meersalz

Die Eier in 10 Minuten hart kochen, kalt abschrecken, schälen und in Spalten schneiden.

In der Zwischenzeit die Bohnen waschen, putzen und in Salzwasser 10 bis 12 Minuten kochen, bis sie bissfest sind. Die Möhre und den Kohlrabi schälen, waschen und in etwa 5 cm lange Stifte schneiden. Ebenfalls in Salzwasser in etwa 10 Minuten bissfest kochen.
Die Salatmayonnaise mit dem Joghurt verrühren. Die Knoblauchzehe abziehen, durch die Knoblauchpresse drücken und unter die Mayonnaise rühren. Mit Salz und Pfeffer abschmecken.
Das Gemüse durch ein Sieb abgießen, auf einem Teller anrichten und mit etwas grobem Meersalz bestreuen. Die Eierspalten danebenlegen und die Aioli in einem Schälchen getrennt dazureichen.

Spargelfrittata mit Käse

28 g E, 38 g F, 13 g KH
Zubereitungszeit: 30 Minuten

300 g grüner Spargel
1 Bund Frühlingszwiebeln
1 Knoblauchzehe
1 EL Olivenöl
10 Blätter frisches Basilikum
2 Eier, Größe M
50 g Frischkäse (20 % Fett)
Salz, Pfeffer
15 g Butter

Den Spargel, wenn nötig, am unteren Ende dünn abschälen. In etwa 2 cm lange Stücke schneiden. Die Frühlingszwiebeln waschen, putzen und in feine Ringe schneiden. Den Knoblauch abziehen und in Scheiben schneiden. Das Olivenöl in einer beschichteten Pfanne erhitzen und Spargel, Frühlingszwiebeln und Knoblauch unter Rühren etwa 4 Minuten anbraten. Die Basilikumblätter in Streifen schneiden. Die Eier in einer Rührschüssel verquirlen. Basilikum und Frischkäse einrühren und mit Salz und Pfeffer würzen. Die Spargelmischung unterheben.
Die Butter in der Pfanne schmelzen lassen, die Spargel-Ei-Masse einfüllen und bei schwacher Hitze in 12 bis 15 Minuten stocken lassen. Auf einen Teller gleiten lassen und mithilfe eines zweiten Tellers wenden. Wieder in die Pfanne zurückgleiten lassen und auch die andere Seite 5 Minuten braten.

Gemüse

Spargel und Möhren mit Kräutersauce

20 g E, 39 g F, 16 g KH
Zubereitungszeit: 25 Minuten

Für die Sauce:
1 hart gekochtes Ei
2 in Salz eingelegte Sardellenfilets
25 g italienische Kräuter oder andere Kräutermischungen nach Belieben (Tiefkühlprodukt)
1 EL Kapern
2 EL Olivenöl
1 EL Limettensaft
Salz, Pfeffer

Für das Gemüse:
1 Möhre (ca. 100 g)
15 g Butter
300 g Spargel in dünnen Stangen

Für die Sauce das Ei schälen und grob hacken. Die Sardellenfilets abspülen, mit Küchenpapier trocken tupfen und klein schneiden. Mit den italienischen Kräutern, den Kapern, dem Olivenöl und dem Limettensaft im Mixer pürieren. Mit Salz und Pfeffer abschmecken.

Die Möhre schälen, quer halbieren und längs in Viertel schneiden. Den Spargel waschen, schälen, die holzigen Enden abschneiden und in etwa 5 cm lange Stücke schneiden.

Die Butter in einem Topf zerlassen und die Möhren darin wenden. Mit Wasser und einer Prise Salz aufgießen, sodass sie bedeckt sind, und zugedeckt bei schwacher Hitze 5 Minuten köcheln lassen.

Den Spargel dazugeben und weitere 5 bis 8 Minuten garen, bis das Gemüse bissfest ist. Eventuell noch etwas Wasser zufügen. Dann aus dem Topf heben und auf einer vorgewärmten Platte anrichten.

Die Sauce mit 1 EL heißem Gemüsesud verrühren und auf dem Gemüse anrichten.

Tipp: Die Sauce schmeckt auch Fleischessern. Um die erlaubten 500 Kalorien nicht zu überschreiten, darf es statt des Gemüses auch ein 160 g schweres Rindersteak oder ein 190 g schweres Schweinefilet oder Putensteak sein. Fisch passt ebenfalls sehr gut zu der Kräutersauce, z. B. Rotbarsch (190 g) oder Heilbutt (200 g).

Spitzpaprika gefüllt mit Fetacreme

29 g E, 37 g F, 14 g KH
Zubereitungszeit: 55 Minuten, davon 40 Minuten Backzeit

2 rote Spitzpaprikaschoten (ca. 200 g)
125 Schafskäse (40 % Fett i. Tr.)
2 Knoblauchzehen
1 Bund Frühlingszwiebeln
2 EL Olivenöl
Salz, Cayennepfeffer
150 g Rispentomaten

Den Backofen auf 200 °C vorheizen. Die Paprika längs von oben nach unten aufschlitzen, vorsichtig auseinanderklappen und die Kerne und das Kerngehäuse entfernen. Den Schafskäse mit einer Gabel zerkrümeln. Die Knoblauchzehen abziehen und durch eine Knoblauchpresse drücken. Die Frühlingszwiebeln abziehen und sehr fein hacken.
Mit 1 EL Olivenöl vermischen und mit Salz und Cayennepfeffer würzen.
Die Käsemasse in die Paprikaschoten füllen und in eine feuerfeste Form setzen. Die Tomaten waschen, halbieren, die Stielansätze entfernen und rund um die Paprikaschoten legen.
Im vorgeheizten Backofen 35 bis 40 Minuten backen, bis die Paprikaschoten an den Rändern Farbe angenommen haben und weich sind.

Fenchel mit Zitronenmayo

22 g E, 40 g F, 12 g KH
Zubereitungszeit: 30 Minuten

2 mittelgroße Fenchelknollen (ca. 250 g)
Salz
2 hart gekochte Eier, Größe M
½ unbehandelte Zitrone
20 g Kräuter der Provence oder Gartenkräuter (Tiefkühlprodukte)
25 g Salatmayonnaise
25 g saure Sahne
Salz, Pfeffer
1 EL Olivenöl

Die Fenchelknollen waschen, wenn nötig, die äußeren Blätter dünn abschälen und längs halbieren. Die harten Stiele entfernen, 1 EL und Fenchelgrün fein hacken und beiseitelegen. In reichlich Salzwasser 20 bis 25 Minuten bei schwacher Hitze garen, herausheben und mit der Schnittseite nach unten abtropfen lassen.
In der Zwischenzeit für die Sauce die Eier schälen, das Eigelb mit einer Gabel zerdrücken und das Eiweiß sehr fein hacken. Von der Zitrone die Zitronenschale fein abreiben, die Zitrone halbieren und den Saft auspressen.
Kräuter, Fenchelgrün, Mayonnaise und saure Sahne mit den Eiern, der Zitronenschale und 2 EL Zitronensaft verrühren. Mit Salz und Pfeffer und eventuell noch etwas mehr Zitronensaft abschmecken. Die abgetropften Fenchelhälften auf einem Teller anrichten, mit Olivenöl beträufeln und die Sauce darüberlöffeln.

Gedünstetes Paprikakraut Foto oben

14 g E, 41 g F, 19 g KH
Zubereitungszeit: 30 Minuten

200 g Weißkohl (vorbereitet gewogen)
1 kleine weiße Zwiebel
1 kleine rote Paprikaschote
2 EL Rapsöl
1 EL Paprikapulver edelsüß oder rosenscharf
200 ml Gemüsebrühe (instant)
Salz, Pfeffer
1–2 EL Apfelessig
50 g Frischkäse (60 % Fett)
1 EL Schnittlauch in Röllchen
75 ml saure Sahne

Vom Weißkohl den harten Strunk entfernen. Die Blätter in feine Streifen schneiden. Die Zwiebel abziehen und in dünne Ringe schneiden. Die Paprikaschote waschen, putzen und in feine Streifen schneiden. Das Rapsöl in einem Topf erhitzen und die Zwiebel darin glasig dünsten. Das Kraut dazugeben und unter Rühren anschwitzen. Mit Paprikapulver bestäuben und kurz mitbraten lassen. Mit der Gemüsebrühe aufgießen und 20 Minuten bei schwacher Hitze zugedeckt köcheln lassen, bis das Kraut schön weich ist. Mit Salz, Pfeffer und dem Apfelessig pikant abschmecken. Den Frischkäse unterrühren und mit den Schnittlauchröllchen bestreut servieren. Die saure Sahne getrennt dazureichen.

Tipp: Da Sie für dieses Rezept nur ¼ von einem kleinen Weißkohlkopf brauchen, empfiehlt es sich, doch gleich die vierfache Menge zu machen. Das Paprikakraut lässt sich gut portionsweise einfrieren – am besten jedoch ohne den Frischkäse.

Vegan

Trendy vegan

Bill Clinton, Michelle Pfeiffer, Brad Pitt oder die Tennisschwestern Williams: Sie alle tun es! Oder besser gesagt, sie tun es nicht, und zwar kommt ihnen nichts vom Tier auf den Teller. Da der Trend zu veganer Ernährung weiter anhält, möchten wir dem mit ein paar Rezepten auch bei unserer Diät Rechnung tragen.

Tierische Produkte wie Käse, Sahne und Eier gehören bei einer veganen Ernährung nicht auf den Speiseplan. Da an Ihren Diättagen Hülsenfrüchte wegen ihres erhöhten Kohlenhydratgehalts als Eiweißquelle wegfallen, findet hier Tofu reichlich Verwendung. Diesen kann man durchaus schmackhaft zubereiten, wie Sie gleich sehen werden.

Blattspinat mit geräucherten Tofuwürfeln

Foto unten

26 g E, 40 g F, 9 g KH
Zubereitungszeit: 20 Minuten, zuzüglich ca. 3 Stunden Auftauzeit für den Spinat

200 g tiefgekühlter Blattspinat
1 Pck. geräucherter Tofu (200 g)
1 Knoblauchzehe
1 walnussgroßes Stück Ingwer
15 g Sesamsaat
2 EL Rapsöl
Salz, Pfeffer

Den Spinat auftauen lassen. Den Tofu trocken tupfen und in mundgerechte Würfel schneiden. Die Knoblauchzehe abziehen, den Ingwer schälen und beides in kleine Würfel schneiden.
Die Sesamsaat in einer Pfanne ohne Fett rösten, herausnehmen und beiseitestellen. 1 EL Rapsöl in einer beschichteten Pfanne erhitzen und die Tofuwürfel von allen Seiten leicht anbraten.
Das restliche Rapsöl in einem Wok (oder in einer breiten Pfanne) erhitzen und Knoblauch und Ingwer anschwitzen. Den Spinat dazugeben, mit Salz und Pfeffer würzen, etwas Wasser angießen und bei schwacher Hitze 5 Minuten köcheln lassen, bis die ganze Flüssigkeit verdampft ist.
Den Spinat auf einem Teller anrichten, die Tofuwürfel darauf verteilen und mit der Sesamsaat bestreut servieren.

Vegan

Tofutaschen mit geschmorten Tomaten

25 g E, 39 g F, 12 g KH
Zubereitungszeit: 25 Minuten

1 Knoblauchzehe
20 g TK-Kräutermischung,
  z. B. »Gartenkräuter«
Salz, Pfeffer
125 g Cocktailtomaten
1 Bund Frühlingszwiebeln
1 Pck. Tofu (200 g)
20 g gemahlene Mandeln
Cayennepfeffer
2 EL Rapsöl
1–2 EL weißen Balsamessig

Die Knoblauchzehe abziehen und durch eine Knoblauchpresse drücken. Mit der Kräutermischung sowie Salz und Pfeffer vermengen.
Die Cocktailtomaten waschen und halbieren. Die Frühlingszwiebeln abziehen und mit viel vom dunklen Grün in feine Scheiben schneiden.
Den Tofu trocken tupfen und halbieren. In jede Hälfte mit einem scharfen Messer eine Tasche schneiden, dabei an drei Seiten ca. 1 cm Rand lassen, damit die Tasche beim Füllen nicht einreißt. Die Kräutermischung vorsichtig in die Taschen füllen und die Öffnungen leicht zusammendrücken.
Die gemahlenen Mandeln auf einem Teller ausbreiten und mit Cayennepfeffer bestäuben. Die Tofuschnitten darin wenden und die Mandeln fest andrücken.
1 EL Rapsöl in einer beschichteten Pfanne erhitzen und die Tofuschnitten bei mittlerer Hitze von jeder Seite etwa 3 Minuten braten, bis die Mandeln knusprig sind. Dann herausnehmen und warm stellen.
Das restliche Rapsöl in die Pfanne geben und die Zwiebelringe anschwitzen. Die Tomaten dazugeben und kurz andünsten. Falls etwas von der Kräutermischung übrig geblieben ist, den Rest unterrühren. Mit dem weißen Balsamessig, Salz und Pfeffer würzen und zu den Tofutaschen servieren.

Champignons mit Tofufüllung

32 g E, 31 g F, 22 g KH
Zubereitungszeit: 30 Minuten

½ Dose stückige Tomaten (ca. 200 g)
6 große weiße Champignons (ca. 300 g)
1 EL Zitronensaft
1 TL Olivenöl
Salz, Pfeffer
1–2 Schalotten (ca. 30 g)
125 g Tofu
1 EL Olivenöl
2 EL fein gehackte Petersilie
30 g gehackte Cashewkerne

Den Backofen auf 200 °C vorheizen. Die Tomaten aus der Dose in eine Auflaufform füllen, in der die Champignons nebeneinander Platz haben.
Die Champignons mit Küchenpapier vorsichtig abreiben und die Stiele herausdrehen. Aus Zitronensaft, 1 TL Olivenöl, Salz und Pfeffer eine Marinade anrühren und die Champignons darin wenden. Mit der Öffnung nach oben in die Auflaufform setzen. Mit der restlichen Marinade beträufeln.
Die Schalotten abziehen und fein würfeln. Die Champignonstiele und den Tofu ebenfalls sehr klein würfeln. 1 EL Olivenöl in einer beschichteten Pfanne erhitzen, die Schalottenwürfel darin glasig dünsten. Die Champignonstiele dazugeben und kräftig anbraten. Tofu und Petersilie unterrühren, mit Salz und Pfeffer würzen und noch 2 Minuten unter Rühren braten.
Die Tofumischung in die Pilze füllen, mit den Cashewkernen bestreuen und im vorgeheizten Backofen 15 bis 20 Minuten backen, bis die Champignons Farbe angenommen haben.

Vegan

Gewürzter Tofu auf Salat

23 g E, 39 g F, 15 g KH
Zubereitungszeit: 20 Minuten

1 Chicorée
1 gelbe Paprikaschote
150 g Salatgurke (ca. 12 cm)
1 EL Zitronensaft
2 EL Apfelessig
1 EL scharfer Senf
3 EL Rapsöl
Salz, Pfeffer
1 Pck. Tofu (200 g)
1 TL Paprikapulver edelsüß
2 TL Currypulver
1 TL Salz

Vom Chicorée die Blätter ablösen, dabei immer wieder ein Stück vom bitteren Strunk wegschneiden. Die Blätter quer in Streifen schneiden. Die Paprikaschote waschen, putzen und in Rauten schneiden. Die Salatgurke schälen, längs halbieren, die Kerne mit einem Teelöffel herausschaben und das Fruchtfleisch in Ringe schneiden. Alle Zutaten in einer Salatschüssel vermengen.
Zitronensaft, Apfelessig, den scharfen Senf, 1 EL Rapsöl, Salz und Pfeffer mit dem Schneebesen zu einer Marinade verquirlen und unter den Salat heben.
Den Tofu trocken tupfen und quer in zwei Scheiben schneiden. Paprikapulver, Currypulver und 1 TL Salz auf einem flachen Teller vermischen und die Tofuscheiben darin wenden.
Das restliche Rapsöl in einer beschichteten Pfanne erhitzen und die Tofuscheiben von jeder Seite ca. 1 Minute knusprig braten.
Auf den Salat legen und noch warm servieren.

Asia-Gemüse mit Tofu

23 g E, 40 g F, 13 g KH
Zubereitungszeit: 20 Minuten

200 g kleine Champignons
1 rote Paprikaschote
100 g Tofu
1 Knoblauchzehe
1 walnussgroßes Stück Ingwer
1 EL helle Sojasoße
1 EL Apfelessig
2 EL Rapsöl, Salz, Pfeffer

Die Champignons mit Küchenpapier vorsichtig abreiben und halbieren. Die Paprikaschote waschen, putzen und in Würfel schneiden. Den Tofu trocken tupfen und würfeln. Den Knoblauch abziehen, den Ingwer schälen und beides in winzige Würfelchen schneiden. Mit Sojasoße, Apfelessig und 2 EL Wasser verrühren. Das Rapsöl in einer beschichteten Pfanne erhitzen und den Tofu bei starker Hitze 2 Minuten knusprig anbraten. Mit einem Pfannenheber herausnehmen und beiseitestellen. Die Paprikawürfel unter Rühren 3 Minuten braten, bis sie etwas Farbe angenommen haben, dann die Pilze dazugeben und 1 Minute mitbraten.
Den Tofu wieder in die Pfanne geben, die Knoblauch-Ingwer-Soße angießen und alles etwa 2 Minuten weiter dünsten lassen. Mit Salz und Pfeffer abschmecken.

Gebratener Seidentofu mit Brokkoli und Pak Choi
Foto unten

29 g E, 33 g F, 18 g KH
Zubereitungszeit: 25 Minuten

200 g Brokkoli
200 g Pak Choi
Salz
1 Pck. Seidentofu (200 g)
10 g Sesamsaat
2 EL Rapsöl
3 EL Sojasoße

Von einem Brokkolikopf 200 g Röschen abschneiden. (Der restliche Brokkoli kann z. B. für eine Suppe verwendet werden.) Vom Pak-Choi-Kopf die Blätter ablösen, putzen und waschen.
Den Brokkoli in reichlich kochendem Salzwasser in 8 bis 10 Minuten bissfest kochen. Gegen Ende der Kochzeit die Pak-Choi-Blätter dazugeben. Durch ein Sieb abgießen und gut abtropfen lassen.
Den Seidentofu trocken tupfen und in mundgerechte Würfel schneiden.
Die Sesamsaat in einer beschichteten Pfanne ohne Fett rösten, herausnehmen und beiseitestellen. Das Rapsöl in die Pfanne geben und die Tofuwürfel von allen Seiten knusprig anbraten. Mit 2 EL Sojasoße ablöschen, aus der Pfanne heben und auf einem Teller anrichten. Das Gemüse im Bratfett schwenken und zum Tofu auf den Teller geben. Mit der restlichen Sojasoße beträufeln und mit der Sesamsaat bestreut servieren.

Info: Pak Choi (oder Pak Soi) wird bei uns auch als Chinesischer Senfkohl bezeichnet. Er ist geschmacklich eng mit dem Chinakohl verwandt. Wenn Sie ihn also nicht bekommen, können Sie ihn getrost durch dieselbe Menge Chinakohl ersetzen. Gut machen sich in diesem Gericht aber auch Mangoldblätter.

Vegan

Buntes Gemüse mit Sesamtofu

26 g E, 37 g F, 17 g KH
Zubereitungszeit: 25 Minuten, zuzüglich 1 Stunde Marinierzeit

1 Pck. Tofu (200 g)
1 TL Sesamöl
2 EL helle Sojasoße
100 g Blumenkohlröschen
1 kleine Möhre (ca. 100 g)
3 Stangen grüner Spargel (ca. 100 g)
1 Knoblauchzehe
1 walnussgroßes Stück Ingwer
1 EL Sesamsaat
2 EL Rapsöl
Salz, Pfeffer

Den Tofu trocken tupfen und in 1 cm große Würfel schneiden. Mit dem Sesamöl und 1 EL Sojasoße vermischen und 1 Stunde (oder länger) zugedeckt ziehen lassen.
Die Blumenkohlröschen in kleine Stücke teilen. Die Möhre schälen, putzen und in Stifte schneiden. Den Spargel waschen, eventuell im unteren Drittel dünn abschälen und in Stücke schneiden. Den Knoblauch abziehen, den Ingwer schälen und beides fein hacken.
Die Sesamsaat in einer beschichteten Pfanne ohne Fett rösten, herausnehmen und beiseitestellen.
Die Tofuwürfel abtropfen lassen. 1 EL Rapsöl in einer beschichteten Pfanne erhitzen und die Tofuwürfel in 3 bis 4 Minuten rundherum knusprig goldgelb anbraten. Herausnehmen und beiseitestellen.
Das restliche Rapsöl in die Pfanne geben. Knoblauch, Ingwer und Gemüse unter ständigem Rühren 2 Minuten braten. Etwa 50 ml Wasser angießen und das Gemüse zugedeckt bei mittlerer Hitze in etwa 5 Minuten bissfest garen. Mit der übrigen Sojasoße würzen und mit Salz und Pfeffer abschmecken. Die Tofuwürfel unterheben und mit Sesam bestreut servieren.

Tofupäckchen auf Tomaten-Zucchini-Gemüse

22 g E, 38 g F, 19 g KH
Zubereitungszeit: 30 Minuten

1 großer Zucchino (ca. 300 g)
Salz
150 g geräucherter Tofu
Pfeffer
2 EL Olivenöl
1 TL Paprikapulver edelsüß oder rosenscharf
2 Schalotten
30 g schwarze entsteinte Oliven
½ Dose stückige Tomaten (ca. 200 g)

Den Zucchino waschen, putzen und längs halbieren. Aus der Mitte mit einem Gemüsehobel oder einem scharfen Messer 5 dünne Streifen herausschneiden. In einer breiten Pfanne Salzwasser zum Kochen bringen und die Zucchinistreifen darin 1 Minute blanchieren. Herausnehmen und gut abtropfen lassen. Den restlichen Zucchino in Würfel schneiden.

Den Backofen auf 200 °C vorheizen. Den Tofu trocken tupfen, salzen und pfeffern, in 5 ca. 1,5 cm breite Streifen schneiden und in die Zucchinistreifen wickeln. Mit einem Zahnstocher fixieren und die Tofupäckchen in eine feuerfeste Form setzen. 1 EL Olivenöl mit Salz, Pfeffer und Paprikapulver verrühren und die Päckchen damit einpinseln. Im vorgeheizten Backofen 10 Minuten gratinieren.
In der Zwischenzeit die Schalotten abziehen und fein würfeln. Die Oliven vierteln. Das restliche Olivenöl in einem Topf erhitzen und Schalotten- und Zucchiniwürfel andünsten. Tomaten und Oliven dazugeben und alles 5 Minuten bei schwacher Hitze köcheln lassen.
Das Tomaten-Zucchini-Gemüse in einen tiefen Teller geben und die Tofupäckchen daraufsetzen.

Vegan

Gemüsecurry mit Tofu Foto unten

32 g E, 35 g F, 14 g KH
Zubereitungszeit: 25 Minuten

100 g Brokkoli
1 kleine Möhre (ca. 100 g)
100 g kleine Champignons
1 Bund Frühlingszwiebeln
2 EL Rapsöl
1 EL Thai-Currypulver
200 ml Gemüsebrühe (instant)
50 ml Sojasahne
Salz, Pfeffer
150 g Seidentofu

Von einem Brokkolikopf 100 g Röschen abschneiden. (Den Rest z. B. für eine Suppe verwenden.) Die Möhre schälen, putzen und in etwa 3 cm lange Stifte schneiden. Die Champignons mit Küchenpapier vorsichtig abreiben, die braunen Füßchen eventuell abschneiden, größere Pilze halbieren.

Die Frühlingszwiebeln abziehen und mit viel vom dunklen Grün in Scheiben schneiden. 1 EL Rapsöl in einem Topf erhitzen und die Frühlingszwiebeln darin anschwitzen. Die Möhrenstifte dazugeben und 2 bis 3 Minuten unter Rühren anbraten. Mit dem Thai-Currypulver bestäuben, kurz durchrösten und mit der Gemüsebrühe aufgießen. Den Brokkoli dazugeben und bei schwacher Hitze 6 bis 8 Minuten kochen, bis das Gemüse weich ist. Die Champignons einrühren und weitere 2 Minuten köcheln lassen. Die Sojasahne unterrühren und mit Salz und Pfeffer abschmecken.
Den Tofu trocken tupfen und in Würfel schneiden. Das restliche Rapsöl in einer beschichteten Pfanne erhitzen und den Tofu rundherum knusprig braten, dann salzen.
Das Gemüsecurry in einen Suppenteller geben und die Tofuwürfel daraufsetzen.

Das **revolutionäre** Abnehmprogramm

Preis 9,99 € | 208 Seiten
ISBN 978-3-86883-333-1

Dr. Dr. Michael Despeghel

2 TAGE DIÄT SIND GENUG

Essen Sie 5 Tage, was Sie wollen, halten Sie 2 Tage Diät und nehmen Sie rasand schnell ab. Das revolutionäre neue Abnehmprogramm

Sie würden gern leichter durchs Leben gehen, aber Ihnen fehlt die Disziplin, Ihre Ernährung dauerhaft umzustellen und auf Leckereien zu verzichten?

Dann ist die revolutionäre 2-Tage-Diät von Dr. Dr. Michael Despeghel das Richtige für Sie! An fünf Tagen der Woche können Sie essen, was Sie wollen, und leben wie bisher. Lediglich an zwei Wochentagen wird der Gürtel enger geschnallt: Dann gibt es eine auf 500 Kilokalorien reduzierte, eiweißreiche Mahlzeit. Unterstützt wird der Abnehmeffekt durch ein kurzes, aber effektives Bewegungsprogramm.